ビストロ仕立ての
スープと煮込み

Joie de la cuisine ménagère

ル・マンジュ・トゥー
谷 昇

6 　煮込み料理が心に響くわけ

7 　フレンチ煮込みをおいしくする11のコツ

10 　調理道具Check!

第**1**章
ごちそうシチューで おもてなし

クリームシチュー

15 　チキンフリカッセ
　　おもてなし／翌日のリメイク

20 　鶏肉の軽いクリーム煮

牛肉の煮込み

22 　ビーフシチュー
　　おもてなし／翌日のリメイク集

28 　ミロトン

30 　牛肉の赤ワイン煮

ポトフー

32 　牛肉のポトフー
　　おもてなし／翌日のリメイク集

38 　鶏肉のポトフー

40 　ポテ

ブイヤベース

42 　ブイヤベース
　　おもてなし／翌日のリメイク集

カレー

49 　インド風チキンカレー

52 　タイ風グリーンカレー

シチューのつけ合わせ便利ノート

54 　シチューのつけ合わせ便利ノート
　　じゃがいものピュレ
　　にんじんのグラッセ
　　カリフラワーのピクルス
　　小玉ねぎのグラッセ
　　ほうれん草の焦がしバターソテー
　　とうもろこしのバターソテー
　　かぼちゃのソテー
　　バターライス
　　レンズ豆のブレゼ
　　きのこのバターソテー
　　グリーンピースのバター煮
　　野菜の軽い蒸し煮ギリシャ風

第2章
季節が香る
本日のスープ

60　オニオングラタンスープ
62　スープ・ピストゥー
64　ヴィシソワーズ
65　じゃがいものポタージュ
66　クラムチャウダー
68　コーンポタージュ
70　かぼちゃのポタージュ
72　ビーツのポタージュ

74　**人気の本日のスープ**
　　グリーンピースのスープ
　　カリフラワーのスープ
　　きのこのスープ
　　ブロッコリーのスープ
　　トマトのスープ
　　栗のスープ
　　そら豆のスープ
　　ピーマンとオレンジのスープ
　　かぶのスープ
　　モロヘイヤとオクラのスープ
　　トマトコンソメ
　　にんにくのスープ

　　フランス料理の基礎ノート
78　ポタージュとスープ
102　コンフィという煮込み

第3章
受け継がれてきた
各地の煮込み

84　ラタトゥイユ
88　クスクス
92　ロールキャベツ
94　鶏肉の煮込みバスク風
96　シュークルート
97　鶏肉の煮込みヴィネガー風味
98　グーラッシュ
99　ナヴァラン
100　ガルビュール
104　コンポート

108　谷シェフの食材＆調理用語
113　本書に出てきたソース類

煮込み料理が心に響くわけ

煮込みに関していうと、どうもよくわからないところがあります。この前に作ったときと同じように調理しているはずなのに、でき上がってくる味はいつも微妙に違うのです。料理の技術や知識とは別に、鍋の中で素材たちが互いに影響しあって、自然に味を作っているとしかぼくには考えられません。

ですから、とてもおいしくできたとき、ぼくはキッチンの神様が微笑んでくれたのだと思うことにしています。ぼくがその味作りに貢献している度合いなど本当にささやかなものなのです。だから、もしもみなさんが煮込みを作っているときに神様が手を貸してくれれば、もしかするとプロの料理人が作った煮込みよりおいしくなるかもしれません。

煮込み料理にはフランス料理がもっと素朴だった時代の味わいが残っています。家庭の温かさ、母親のようなやさしさが伝わってくる料理です。でき上がった料理だけでなく、ことこと煮えている音も、肉や野菜が煮えるにおいも、鍋から上がる湯気も、心を和ませるやさしさが感じられます。そんなやさしさが心の奥の柔らかな部分に響いてくるのです。煮込み料理は、誰もが大人になっても持ち続けている心の奥の柔らかな部分にそっと届く料理だと思えてなりません。

フレンチ煮込みを
おいしく作る11のコツ

煮込みはおいしさを積み重ねる料理です。素材、下ごしらえ、炒め、煮汁……途中で何度も味みをして「うん、おいしい！」を確認しながらおいしい煮込みにしていきます。素材は生でかじってみますし、玉ねぎを炒めたらおいしく炒まっているかどうか味をみます。味は時間や分量、においや見た目ではわかりません。おいしく作るにはきちんと舌で味をみること、それがぼくの方法です。プロだって味みをしないと不安になります。あとは以下の11項目を理解すれば大丈夫です。

1
肉の味は煮込む
前につける

よくよく煮込んでも、肉や魚介の芯まで煮汁の味がしみることはなかなかありません。煮ていくことで肉のうまみが煮汁に出ていくことはあっても、液体から肉に味を入れることは難しいのです。肉をかみしめたときによい味を感じるためには、煮る前にしっかり下味をつけておかなければなりません。

　下味の基本は塩です。そして塩をふったらよくもみ込んで最低でも30分はおいてください。料理によっては一晩、ときには1週間おくこともあります。とにかく肉の芯までしっかりと味をつけてから煮ることが大切。肉から出る塩気で、煮汁の塩味をすべてまかなうこともあります。

2
炒めバターは
溶け始めに
具材を入れる

ほとんどの煮込み料理に「玉ねぎを炒める」工程があります。玉ねぎは多くの場合、バターで炒めてうまみと風味を引き出します。問題は鍋の温度がどのぐらいのときに玉ねぎを加えるかです。バターが完全に溶けてからではバターの焦げた香りがついてしまいます。また、バターが完全に溶けるぐらいに高温になっていると、玉ねぎが焦げやすいともいえます。玉ねぎはしんなりと半透明に炒めるか、あるいは茶色くくったとなるまで炒めるかどちらかであって、黒く焦がしたり、焦がしバターの香りをつけることはありません。バターはまだかたまりが残っている状態（上の写真）のときに具材を加えます。

3
肉は先に
濃い焼き色が
つくまで焼く

フレンチの煮込みでは、煮る前に肉をよく焼きます。これは炒めるのとは違い、濃い焼き色をつけて香ばしい香りを出します。ぼくが教えている調理師学校の学生を見ていると、みなこの段階での焼きが不足です。表面の色が変わるぐらいではまだまだ。薄茶色がついてもまだ不充分です。そのまま食べておいしいところまで焼きます。ここまで焼くと肉のうまみが肉の中に定着し、香ばしい香りが出て、煮込んでもうまみが流出せず、その香ばしさが煮込みの風味を高めてくれます。芯まで火を通すことはないので、やや強めの火で表面をガリッと焼いてください。

4
肉は水から煮る？
お湯から煮る？

肉を煮るとき、煮立った湯や煮汁に入れるか、水に入れるかで、でき上がりはまるで違ってきます。肉のジューシーさを残して仕上げるには、煮立ったところに入れて煮ます。しかしこの場合は肉からうまみが充分に出ないので、煮汁は調味料などを使って味作りをする必要があります。しかしもし肉を柔らかく煮ると同時においしいだしも肉から引き出したいなら、肉を水から煮ていきます。ポトフーやポテがこのタイプです。

5
ぐらぐら煮立てない

材料が躍るような強い火力で煮込むと煮汁が濁り、野菜は煮くずれて食感がなくなります。煮込みの火加減は強火にしないことが原則です。実際には煮込みの種類によって火加減は微妙に異なりますが、基本は弱火。ポトフーやポテなど煮汁を透明に仕上げたいものはとくに弱い火でじっくり煮ます。その場合、煮汁の表面はゆらゆらと揺れるくらいの状態で、温度は100℃には達していません。

6
あくは"ガバッ"と
大胆にとっていい

肉を煮始めるとあくが出てきます。このあくはきちんと取り除く必要がありますが、料理教室などの経験から、あくをとる方法に大きな誤解があるようです。表面をぬぐうようにそおっとなでるようにすくう人がいますが、沸いたばかりの煮汁は、まだほとんどうまみの出ていない水みたいなもの。もったいないものではないのでレードルでガバッととってください。きちんと取り除くことが肝心です。水はあとでたせばよいのです。

　しかしあくが出てきたからといって、あわててとらないでください。少し待ってあくに火を通します。待っているうちにもあくが出てきて、あくがあくを吸着してまとまってくるからです。火が通ってふんわり固まってきたら、そこで一気にすくいとります。

　この煮立ち始めのあくは、黒っぽくて血の色合いをしていますが、そのあとで出てくるあくは、白くふわふわしています。白いあくはそのままにしても煮汁が濁ったり、味に影響することはほとんどないので、神経質にとる必要はありません。大事なことは、煮立って最初のあくを大胆に確実にとることです。

7
ふたをするか
しないか

煮込み料理の多くは、じつは鍋ごとオーブンに入れておけば自然とおいしく煮上がります。全方向からの熱によって、時間とともにほどよくでき上がるのです。しかし家庭のガスこんろでは熱源が一方にしかありませんから放っておいてはおいしく煮えません。煮汁に対流を作って熱を全体にまわしながら煮ていく必要があります。そのために、ふたをはずして煮ていきます。しかし、もし簡単には浮かない重たいふたがあれば話は別です。オーブンで煮る環境と近くなるので、その場合はぜひふたを利用して煮てください。

8
煮汁が減ったら
水をたす

ふたをはずして煮ると、当然水分は蒸発して煮汁が減り、煮汁から出た肉は、そこだけ柔らかく煮ることができません。そのため肉が煮えるまでは、煮汁が減ったら適宜水をたしてください。200ccでも300ccでも減った分だけ補います。

9
煮込み中は
むやみに混ぜない

煮込み中に混ぜることはほとんどありません。むやみに混ぜると野菜が煮くずれたり、濁りのもとになります。ぼくが煮込み中に混ぜるのは、ごく最初の段階だけです。肉を煮汁に入れて、沸騰するまでのわずかな間、肉と肉がくっつかないように、肉の隙間をあける気持ちで軽く動かします。隙間に煮汁が流れると、均一に熱が当たります。このとき少し煮汁が濁りますが、それは沸騰したときにあくとなるので、濁りのもとにはなりません。

そして、このあくをとったあとは、もうほとんど混ぜません。煮汁に適度な対流ができていれば自然に素材のうまみは混ざっていきます。途中でトマトなどを加えた場合も混ぜません。トマトにほどよく火が入って煮溶ければ、対流にのって自然に煮汁全体にまわるからです。混ぜるのは手間をかけてわざわざ煮込みの味を落とすことだと思います。

10
最後はやはり
煮つめる

コツの8で水分が減ったら水をたすと言いましたが、それは肉が柔らかくなるまでのことで、肉が柔らかくなったらもう水はたしません。逆に煮汁を煮つめて、うまみを濃縮させる段階に入ります。肉が煮汁の表面に出ていてもかまいませんし、余裕があるようなら肉を取り出して、煮汁だけを煮つめてもよいでしょう。

煮つめるという作業は、おいしいフランス料理を作るうえで大切な工程です。ソースなどを仕上げるときにも必ず煮つめるプロセスがあります。味がものたりない煮込みというのは、多くの場合、煮つめ不足がその原因です。煮つめることで煮汁に自然なとろみがついて、素材によくからまり、口に入れたときに濃厚なおいしさを感じることができます。

11
温め直しは弱火で
ゆっくりと

1日おいた煮込みは、煮込んだ当日よりも味がよくなっていることもあるぐらいにおいしいものです。上手に温めるにはとにかく弱火でゆっくり火を入れることです。煮込みは冷めると煮汁がゼリー状に固まっているので、強火を当てると鍋底の部分だけが溶けて焦げてしまいます。弱火でじわじわ溶かしながら温めてください。溶けた煮汁がちょうど火山のマグマのように下から湧くように出てきます。そうなったら木べらで温まった煮汁を全体にまわします。温まった汁がまわったら水少々を加え、煮汁の温度を一定にして具の芯に熱が入るようにゆっくり温めていきます。

フレンチ煮込みを
おいしく作る11のコツ

「ル・マンジュ・トゥー」のキッチンはほんの3坪。その限られたスペースに、プロの料理に必要不可欠で、しかも合理的にセレクトされた調理道具がそろえられています。プロならではの道具もありますが、家庭でも、絶対にあったほうがおいしく作れる道具や、使い勝手のよいものなどがいろいろあります。フレンチ煮込みとスープ作りに、あると便利な道具とその使い方を紹介します。

網を張ったものと、ステンレスの板にパンチングで小さな穴をあけたものの2種類があります。網のほうはポタージュをこしたり、煮汁をこすときに使います。パンチタイプのものは大変頑丈で、魚介のあらを麺棒でたたきつぶしながらこすこともあります。プロは大きなものを使いますが、家庭なら直径15cm前後のものでもよいでしょう。しかし、あえて購入しなくても、目の細かいざるやこし器を賢く使って代用できます。

シノワ

調理道具

ゴムべら

こし器に注いだポタージュをこし出したり、鍋の中のソースを混ぜたり、それを残さずきれいにほかに移すときなどに使います。へら部分は薄手で柔らかいほうが使いやすく、また柄と一体になっているほうが汚れが隙間に入らず衛生的です。ゴムは時間がたつと堅くなるので、消耗品と割り切ってすぐに取り替えましょう。

トング

ステンレス製の大きなはさみです。菜箸よりもしっかりとつかめるので作業がスムーズにできることが多々あります。肉を焼いていて返すとき、ゆでたパスタを取り出したり、シチューの具をきれいに皿盛りするときなど、プロのキッチンでは欠かせないものです。汁の中から柔らかくて丸い具材を取り出すのは、箸ではけっこう大変ですから。高価なものではありません。

木べら

ソテーするときにどうしても必要な道具です。フレンチのソテーでは鍋底にこびりついたうまみをこそげとることが味作りの重要な工程です。菜箸では混ぜることはできても、鍋底のおいしさの素をこそげることはできません。野菜を炒める、煮汁を煮つめるときには必ず木べらを使うようにしましょう。

ミキサー

なめらかなポタージュを作るのに大活躍します。とくに強力なタイプでなくても家庭用のもので充分です。ただしパワーに見合った分量を攪拌するようにしてください。入れすぎは均一に仕上がらないので禁物です。使ったらすぐに洗って清潔に保つようにしてください。

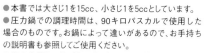

●本書では大さじ1を15cc、小さじ1を5ccとしています。
●圧力鍋での調理時間は、90キロパスカルで使用した場合のものです。お鍋によって違いがあるので、お手持ちの説明書も参照してご使用ください。
●塩の分量は、粒が細かくてさらさらした塩の場合。小さじ1が6g、ひとつまみが1g相当になります。

煮込み料理には鍋全体にむらなく熱が伝わる厚手の鍋が向きます。薄手のものは焦げつきやすく、材料にじっくりと火を通すことが苦手です。この本では厚手の鋳物ほうろう鍋を使いました。ふたがずっしりと重く、熱が逃げないため、ことこと煮ていくには最適です。

本書では下の直径20〜25cmサイズの鍋を使用。それほど深さはなくても、作る分量と料理内容を考えて決めれば大丈夫。

煮込み鍋

Check!

圧力鍋を使うなら

ふたをぴったり閉めることで、調理中の蒸気を閉じ込め、中の圧力を上げ、高温で調理する鍋です。圧力は鍋の種類によって異なり、温度は110〜120℃になります。高温で加熱することで、煮込み時間が短縮でき、時間がないときには店でも重宝しています。写真は低圧と高圧の切り替えができるタイプです。高圧なら1kgの牛すね肉を30分で、低圧なら40分で柔らかくすることができ、通常の⅓の煮込み時間ですみます。ビーフシチューや豚の角煮など、堅い肉を煮る、時間のかかる料理には賢く利用したいものです。野菜をいっしょに煮る料理や煮汁を澄ませたいものには向きません。

圧力鍋を使えば、堅い肉をとろとろに柔らかく煮るのもあっという間。調理時間を短縮する強い味方です。

寸胴タイプか
口広の浅いタイプか

ポトフーのように最後までたっぷりの煮汁を残して煮続ける煮込みと、ラタトゥイユのように最後にはほとんど汁気がなくなるように煮込むのでは、厳密にいうと適した鍋の形が違います。汁を残すには、水分の蒸発が少なく、煮汁に大きな対流ができる鍋、つまり深さがあってそれほど口が広くない寸胴といわれる形が最適です。ブイヨン作りも寸胴がいちばん向いています。これに対してラタトゥイユやミロトンのように汁気がほとんどなくなるまで煮る料理には、口が広い鍋が適しています。こうした鍋に材料を広げて煮込むと水分の蒸発が早く、野菜などが煮くずれる前に煮汁がほどよく煮つまります。もしも本格的に煮込みに取り組むなら、深さのある鍋と口の広い鍋の2タイプがあってもよいでしょう。

サイズは具材との
バランスで決める

煮込む材料を見て、どの大きさの鍋を使うかを決めます。鍋が大きすぎるとひたひたの煮汁を用意するのに必要以上に水分を入れなくてはならず、仕上がりが水っぽくなりますし、逆に小さいと材料をぎゅうぎゅう詰めすることになり、煮汁の対流ができないので不均一に煮えてしまいます。とくに肉と肉が密着した状態のままでは、隙間がないのであくが出にくくなり、おいしく煮ることができません。鍋は材料を入れて少しゆとりがある大きさを選んでください。といっても実際には、この本では4〜6人分の煮込みとスープをすべて直径20〜25cmの鍋を使い分けて調理しました。家庭ではこのぐらいの鍋があれば問題ないでしょう。

80%
前後

汁面までの容積に対して、具材の占めるほどよい割合は80%ぐらい。鍋サイズ選びの基準に。

無数にある煮込み料理のなかから、日本の家庭で人気の

メニューにトライしてみました。けれどけっして日本人

受けするものをわざわざ作ったのではなく、それはいみ

じくもトラディショナルな料理でした。家庭で長きにわ

たって作られてきた味には、万国共通に人を満足させる

底力があるようです。特別難しい料理はありません。み

んなで何だか楽しいよね、ほっとするよね、そんなふう

に感じながら食べていただければ嬉しいです。

第1章 ごちそうシチ

ューでおもてなし

フランスにクリームシチューという料理はありませんが、あえて近い存在を挙げるならフリカッセという料理でしょう。フリカッセは白いソースや生クリームを使って鶏肉などを煮る伝統的な白い煮込みのひとつです。クリームシチューのようにじっくり煮込むものも、クリームの中にくぐらせるぐらいにさらっと煮たものもあります。本書では別にソースを作ることはせず、直接生クリームを鍋に加えて仕上げる方法を紹介します。クリームのまろやかなやさしい味わいで鶏肉を包み込むように煮ます。

F クリームシチュー
Fricassée de volaille（フリカッセ・ド・ヴォライユ）

骨つき肉を使うと、煮ていくうちに骨からうまみとゼラチン質が煮汁へゆっくり出て、おいしいだしになっておいしいソースに。そして肉、とくに骨のまわりの肉が、しっとりとおいしく煮上がります。

ルーもソースも不要。生クリーム仕上げのクリームシチュー

チキンフリカッセ

Fricassée de cuisses de poulet

［フリカッセ・ド・キュイッス・ド・プーレ］

フリカッセはフランスの伝統的な白い煮込みです。主に鶏肉を使いますが、ときには仔牛肉や魚介でも作ります。どの肉を使う場合でも煮る前に色づかない程度にソテーするのが特徴で、それから煮て、クリームなどで仕上げます。ソテーする前に、肉にしっかり味をつけておくことが意外にも大事な作業で、そうすることでクリームソースをマイルドに軽く仕上げることができます。鶏肉に充分な味がついてないと、どうしても煮汁の味を濃くしたり、とろみを強くしてしまい、結果としてべたっと重いソースになります。ぼくは肉に塩をしてから30分はおいてから使います。

■材料(4人分)
鶏もも骨つき肉 ……4本(800g)
じゃがいも ……小2個(200g)
玉ねぎ ……1個(150g)
にんじん ……細め1本(150g)
かぶ ……1½個(150g)
カリフラワー ……⅓株(100g)
ブロッコリー ……⅓株(80g)
生クリーム ……75cc
無塩バター ……30g
強力粉 ……小さじ1
鶏がらスープの素(顆粒)
　　……小さじ1
塩、水 ……各適量
つけ合わせ
　グリーンピースのバター煮(作り方は
　P.57)……適量

●代用いろいろ　ブロッコリー→なくてもよ
い。代わりにいんげんやグリーンピースなど
くせのない緑色の野菜を加える。
カリフラワー、かぶ→なくてもよい。または
どちらか一方でもよい。
●鶏もも骨つき肉　購入時に、1本を3つにぶ
つ切りにしてもらうと下ごしらえがらく。
●鍋　直径22cmぐらいの厚手鍋
●煮込み時間　約40分

2

玉ねぎを1cm角に切る。にんじんと
じゃがいもは小さめの乱切りにする。
カリフラワーとブロッコリーは小房
に分ける。かぶは皮つきのまま縦に8
つに切り、面取りをする。

肉を焼く **3**

バターを鍋に入れ、溶け始めたとこ
ろで鶏肉を入れる。全体が白っぽく
なるまで焼く。白く仕上げる料理な
ので、ここでは焼き色が薄くつく程
度にとどめる。濃い焼き色がつくと
ソースに色がついてしまう。

下ごしらえ **1**

鶏もも肉を3つにぶつ切りにする。塩
小さじ2をまぶし、手でよくもみ込む。
そのまま30分おく。

5

鍋に鶏肉を戻し、強力粉をふり、全
体を大きく混ぜ返しながら炒める。
粉がうっすらと色づいて、鍋底にべ
たっとはりつくようになればよい。
これはサンジェという作業(右記参
照)。

煮る **6**

水800cc、鶏がらスープの素を加えて
弱めの中火にする。あくが出てきた
ら取り除く。

7

あくをとったら、ぽこぽこ煮立たな
い状態に火を弱めてじゃがいもを加
える。じゃがいものでんぷん質が煮
汁にとろみをつけるので、ここでは
生で入れる。15〜20分煮る。ふたは
しない。

ベース作り **4**

鶏肉にほどよく火が入ったら一度取
り出し、玉ねぎを入れ、鶏肉から出
た脂で炒める。玉ねぎに透明感が出
て、食べてみて甘くおいしく感じる
ぐらいまで炒める。

プロのとろみづけ「サンジェ」をするとは

鶏肉や玉ねぎなどを炒めたり、調理しているものに小麦粉をまぶすことをサンジェ(singer)といいます。これは煮汁にとろみをつけるために行う手法で、まぶした粉は具材とともに炒めて火を通します。また、サンジェでは使う粉の量が重要です。このレシピの分量は、ぼくが幾度となく失敗した経験から出したものです。慣れないうちは正確に計量してサンジェするようにしてください。

a 粉は具材の上にふり入れ、すぐに木べらで混ぜるか、鍋を大きくゆすって、全体にむらなくまぶす。
b 混ぜながら炒めていくと、うっすら色づいて、香ばしい香りがして、鍋底に粉の膜ができてくる。決して焦がさないように、こうなるまで加熱する。

8

別鍋ににんじんと水を入れて火にかけ、さっとゆがいてざるにとる。カリフラワーとかぶは別々に沸いた湯に入れて堅めにゆでる。ブロッコリーは塩分2%の湯で色よくゆでる。肉がほぼ柔らかくなったら、7の鍋ににんじんを加えて煮る。

9

にんじんが柔らかくなったら、かぶ、カリフラワーを加えて火を止める。ふたをしてそのまま10分おき、余熱で野菜を温める。

仕上げ 10

ブロッコリーと生クリームを加えて再び火をつけ、ひと煮立ちしたら火を止める。生クリームは分離しやすいので、煮込みに加えたら長く加熱しないこと。ブロッコリーも色がわるくなるので煮すぎないようにする。
すぐに食べないとき ブロッコリーは加えずにおく。食べるときに、弱火でゆっくり温め、具材の芯まで温かくなったところで加える。ブロッコリーが温まればよい。

でき上がり

チキンフリカッセで
おもてなし

料理を考えるときにぼくが大事にしているのは、味、香り、食感の3要素です。彩りはあまり気にしません。クリームシチューにはグリーンピースの皮がはじける食感やバターライスの少し堅くてもちっとした食感が合うと思いました。避けるべきなのは同じクリームを使った料理です。異なる味、香り、食感の料理を添えて、新たな気分でおいしくクリームシチューを食べてもらえるように考えましょう。ワインを合わせるなら定番ではシャブリなどの白ワインですが、よく冷やしたシードル（りんご酒）や中国茶なども合うと思います。

Garnitures
グリーンピースのバター煮
バターライス
コルニション

a グリーンピースのバター煮

ベーコンの香りが香ばしいつけ合わせです。グリーンピースのぷちぷちした歯ごたえが、この献立では魅力（作り方はP.57）。

b バターライス

バターの風味豊かなピラフを少しずつつけ合わせとして取り分けてください（作り方はP.56）。

c コルニション

小さなきゅうりのピクルスは、きりっとした酸味が、マイルドなシチューの味を引き締めます。市販品を利用。P.109参照。

「野菜の下ごしらえ」

クリームシチューはとても繊細な煮込みです。そのやさしいクリームの風味を損なわずに仕上げるために、野菜の使い方に気を使います。にんじんやカリフラワー、かぶといった野菜には、少なからず特有のえぐみやにおいがあり、これが混ざるとけっこうな雑味となってデリケートなクリーム風味を邪魔するからです。そこで下ごしらえでそうした雑味要素を抜いてから鍋に加えます。いずれも別々に数分ゆでて、気になるくせを抜きます。この下ごしらえの作業を、専門用語ではブランシール（blanchir）をするといいます。火を入れるのが目的ではないので、堅ゆで状態で引き上げます。こうしたひと手間をほどこすことで、でき上がりの違いは歴然です。いつものクリームシチューであっても、一段とエレガントになるはずです。じゃがいもは生のまま加えますが、これはじゃがいものでんぷんが煮汁に溶け出してとろみづけになるから。ブロッコリーは色よくゆでておいて最後に加え、緑色を鮮やかに残すようにします。

野菜を鍋に加える前に数分下ゆでして雑味を抜きます。こうしてから煮ることで、クリームのデリケートな風味を守ることができます。

リメイク ● ホワイトソース感覚で

チキンドリア

Gratin de fricassée de poulet au riz

［グラタン・ド・フリカッセ・ド・プーレ・オー・リ］

チキンフリカッセの煮汁はホワイトソースの親戚のようなもの。ここではつけ合わせにしたバターライスを利用してドリアに。より軽いテイストがお好みなら、白いご飯で作ってもよいでしょう。

■材料（1人分）
バターライス（または白いご飯）……70g
チキンフリカッセ……適量
グリュイエールチーズ……適量

1 グラタン皿にレンジで温めたバターライスを平らに敷く。シチューを温めて野菜と鶏肉をのせ、ひたひたまでシチューのソースをかける。
2 グリュイエールチーズをすりおろして、**1**にたっぷりかけ、オーブントースターで上に焼き色がつくまで焼く。

翌日のリメイク

つけ合わせのバターライスも利用して、野菜たっぷりのドリアに

胸肉のしっとりした柔らかさを生かして

鶏肉の軽いクリーム煮

Suprême de volaille à la crème

[シュプレーム・ド・ヴォライユ・ア・ラ・クレーム]

こんなふうに楽しんで

おもてなしに使うなら、右に紹介したように、ソースにマティニョンをプラスしたり、オードブルに魚介の料理やサラダなどを用意してはどうでしょう。気軽な食卓ならば、野菜のつけ合わせをいろいろ添えてボリューム感を出した一皿にしても。

鶏胸肉は脂が少なく、あっさりした淡泊なおいしさが魅力です。それを生かすには火を通しすぎないことがいちばんのポイントで、中心部にピンク色が残っているぐらい、ステーキでいえばミディアムの状態に仕上げるのがベストです。胸肉は火を通しすぎるとパサパサして、とても味気ないものになってしまうのです。もも肉はじっくり煮込む、胸肉はさっと煮る、おいしく食べるには部位によって煮込み加減が違うことを知っておいてください。ピンク色を残した胸肉は、しっとりして本当においしいものです。そしてもうひとつのポイントは、ソースを長く煮ないことです。クリームのなめらかな舌ざわりが台なしになってしまいます。この料理は肉もソースも時間をかけないことが大切です。

■材料(4人分)

鶏胸肉(皮なし) ……350g(大なら2枚)

白ワイン ……100cc

無塩バター ……10g

A［ 生クリーム ……50cc
　　無塩バター ……25g
　　鶏がらスープの素(顆粒) ……小さじ1
　　水 ……100cc

B［ 白ワイン ……100cc
　　ハーブミックス(作り方は下記)
　　　……小さじ¼
　　塩 ……小さじ⅓

つけ合わせ
ほうれん草の焦がしバターソテー(作り方はP.55)

●代用いろいろ　ほうれん草の焦がしバターソテー→グリーンピースのバター煮(P.57)、にんじんのグラッセ(P.54)など。
●鍋　直径22cmくらいの鍋もしくはフッ素樹脂加工のフライパン
●煮込み時間　2〜3分
●ハーブミックス　タイム1g、タラゴン5g、セージ5g、ローズマリー2.5g、ローリエ2枚、マジョラム5g(すべて乾燥品)をミキサーにかけて粗めの粉末状にしたもの。

レストラン流にソースをアレンジ マティニョンとトリュフを加えます

マティニョンとはにんじん、玉ねぎ、セロリの小角切りをバターで炒めたもの。ソースに加えると風味がぐっと増して、見た目も華やかになります。さらにトリュフを加えると、レストラン料理の雰囲気になりますね。

■作り方(1人分)
塩ゆでしたさやいんげん1本とトリュフ5gをみじん切りにする。プロセス5のソース75ccにマティニョン(作り方はP.112)30gとさやいんげん、トリュフを加え、さっと合わせる。皿に鶏肉を盛り、ソースをかけ、さらにトリュフの細切り5gを散らす。写真のつけ合わせはじゃがいものピュレ(作り方はP.54)。

1 ビニール袋に鶏胸肉と材料Bを入れ、空気を抜いて口をしばる。冷蔵庫で一晩おいて、味をなじませる。

2 鍋に無塩バターを溶かし、鶏肉を入れ、色をつけないように焼く。肉にほぼ火が入ったところで取り出す。

3 2の鍋に白ワインを加え、中火で2分ほど煮つめる。

4 材料Aを加えて手早く混ぜ合わせる。

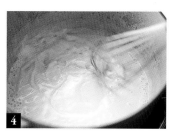

5 4の鍋に鶏肉を戻して2〜3分煮る。肉が温まったら再度取り出し、ソースを煮つめてほどよいとろみをつける。肉は適宜スライスする。器にほうれん草の焦がしバターソテーを敷き、鶏肉をのせ、ソースをかける。

もも肉を使うとあっさりして軽い
仕上がりに。もう少しこってりし
たのが好みでしたら、ばら肉を使
うとよいでしょう。野菜は最初か
ら肉といっしょにごった煮にせず、
別々に下ごしらえして合わせます。

煮込み料理では肉の堅い部位を使います。
柔らかくするために時間をかけて煮込み
ますが、その間に肉のおいしいエキスは煮汁
へ出ていき、一時、肉は抜け殻のようにな
ります。しかし、煮込みのおいしさは、こ
の一度出てしまったエキスのおいしさが、
時間とともに再度肉と融合したもの。エキ
スの出た煮汁は、さらに煮ることでほどよ
く煮つまりながら味を強め、肉とともに煮
えていきます。そして最後には全体が混沌
として深い味わいとなるわけです。煮込み
料理は火と時間が作る料理。ゆっくり煮る
ことで自然とおいしさに導かれていきます。

牛肉のうまみを生かしてトマト風味で煮込む

ビーフシチュー

Ragoût de bœuf aux légumes

［ラグー・ド・ブッフ・オー・レギューム］

R牛肉の煮込み

agoût de bœuf（ラグー・ド・ブッフ）

市販のドミグラスソースを使わずに、玉ねぎやトマトをベースにして作るナチュラル風味のおいしいシチューです。少し赤ワインを加えていますが、トマトが加熱用で味の濃厚なものなら、それもなくてもかまわないぐらいです。でき上がりの感じは、使う肉の部位によってもずいぶん違ってきます。お好みで選んで使ってください（下記参照）。ぼくは個人的に脂身の少ないもも肉で作るさらっとしたシチューが好き。しかし肉をさらっとした煮汁で長く煮るとどんどんうまみが煮汁に出ていくので、この場合は肉が柔らかくなったらそれ以上煮ないことがポイントです。食べるときは肉をほぐして煮汁にからめながら食べてください。これがシチューのおいしい食べ方です。

■材料(4人分)
牛ももまたはばら肉(かたまり)
　……600g
玉ねぎ……1½個(220g)
トマト……小2個(200g)
じゃがいも……2個(300g)
にんじん……細め1本(150g)
ブロッコリー……⅓株(80g)
無塩バター……25g
オリーブ油……大さじ2
強力粉……小さじ1
赤ワイン……150cc
ローリエ……½枚
塩、水……各適量

●代用いろいろ　ブロッコリー→緑色のきれいな野菜なら何でも。さやいんげん、絹さや、グリーンアスパラガスなどは堅ゆでにして使用。
●鍋　直径24cmぐらいの厚手鍋
●煮込み時間　約2時間

牛肉はどの部位を選ぶ？

部位によって仕上がり感が違うので、どこを使うかは重要です。もも肉ならあっさり、さっぱり。ばら肉なら少々こってりしてこくありタイプに、すね肉と牛尾はゼラチン質が多いので、ソースには舌にまとわりつくようなうまみが出ます。食べたいテイストで部位を選んでください。

下ごしらえ　1

牛肉を5〜6cm角に切る。煮込むと縮むので大きすぎるかなと思うくらいでちょうどいい。

2

塩小さじ2をふり、よくもみ込む。バットに並べて30〜40分おき、肉に塩をしみ込ませる。

3

トマトは湯むき(P.110参照)して種を取り除き、小角切りにする。玉ねぎはくし形に切る。にんじんは小さめの乱切りにする。ブロッコリーは小房に分けて、塩分2％の湯で色よくゆでる。じゃがいもは皮つきのまま水から弱火でゆっくりゆで、皮をむいておく。

肉を焼く　4

フライパンにオリーブ油を温め、牛肉を焼く。表面にしっかりと焼き色がつき、焼いた肉の香ばしい香りが出てくるまで焼く。

5

鍋に焼いた牛肉を入れ、強力粉をふり入れて全体にからめて炒める。粉が薄茶色になって香ばしい香りがし、鍋底にはりついてくればよい。

ひと手間かけて
もっとおいしく

もうひと味高めるために香味野菜をプラスします。玉ねぎ、にんじん、セロリをざく切りにして鍋でしっとりと炒めたところに、**4**の焼いた肉を加えます。あとは**5**から同様に粉をふって炒め、煮ていきます。野菜の甘み、うまみが煮汁にプラスされて、より丸みのある味わいになります。ただし、この場合は肉が柔らかくなったら一度肉を取り出し、煮汁をこしてごろごろした野菜を取り除いてから、再び肉を鍋に戻すという作業が必要です。あるいはマティニョン（P.112参照）を仕上げに加えてなじませるというのもよいでしょう。

煮る **6**

トマト、赤ワイン、ローリエ、水500ccを加える。温度が上がってきたら、あくが出やすいようにスプーンなどで肉をそっと動かして隙間を作る。煮立ったらあくを取り除く。湯の面がゆらゆら揺れてときどきぽこっと泡が浮く火加減（弱火）にする。

8

肉が柔らかくなってきたころ、小鍋にバター10gを溶かし、にんじんを焦がさないようにつやややかに炒める。焦げつきそうになったら水を少々加え、半ば火が通っとところで**7**の鍋に加えて煮る。ここからは煮汁が減っても水をたさない。

●にんじんをつけ合わせにする場合は、鍋に加えず、ここで塩味をつけて芯まで火を通しておく。

7

フライパンにバター15gを溶かし、玉ねぎを炒める。透明感が出て、食べてみて甘みが出ていたら**6**の鍋に加える。1時間半ほど、ふたをしないで煮込む。水分が減ったら、その分の水を途中でたす。

仕上げ **9**

にんじんが柔らかくなったら、別ゆでしたじゃがいもを適当な大きさに切って加える。温まったらブロッコリーを加えてさっと煮る。色があせないうちに器に盛りつける。

●野菜をつけ合わせにする場合は、ここで加えない。

盛りつけを変えて　具材のにんじん、じゃがいも、ブロッコリーを別々においしく仕上げて、つけ合わせとして盛ってもよいでしょう。こうすると少し改まった感じになりますし、それぞれの野菜の個性をはっきり出せます。

Garnitures

いかのマリネ

オレンジと
グレープフルーツのゼリー

b

a

たとえば
ビーフシチューで
おもてなし

メインがビーフなので前菜は魚介を
使った料理にしましょう。いかのマ
リネは前日に作っておけるので、当
日は手間なしです。もしハーブがあ
ったら、そのよい香りが食欲をそそ
るので、マリネに少し添えるとよい
でしょう。デザートはさわやかなフ
ルーツのとろとろゼリーに。ボリュ
ームのあるビーフシチューのあとで
も、口あたりがよくてすっとおいし
くいただけるはずです。ここではグ
レープフルーツで作りましたが、季
節のフルーツを使っていろいろ応用
してみるのもよいでしょう。ゆるゆ
るに固めているので、盛りつけはグ
ラスなどにして、スプーンですくい
ながら召し上がってください。

a いかのマリネ

■材料(4人分)
いか(ここでは小いか。たこでもよい)
　……450g
A┌玉ねぎ(みじん切り) …… 大さじ1
　├にんじん(みじん切り) …… 大さじ1
　└セロリ(みじん切り) …… 大さじ½
ピュアオリーブ油 …… 大さじ3
すだちやレモンなど柑橘類 ……½～1個
バジルの葉(みじん切り) …… 小さじ1
ハーブ(シブレット、セルフィーユ、デ
　ィルなど) …… 適量
塩 …… 適量

1 オリーブ油を小鍋で軽く温め、Aを
加えて炒める。よい香りがしてきたら
塩ひとつまみを加える。冷ましてから
バジルを加える。
2 いかを塩分2%の湯でさっとゆでて
ざるに上げ、熱いうちに**1**のソースをか
らめ、すだちやレモンを絞る。
3 ハーブを刻んで少量のオリーブ油を
からめて皿に敷き、いかを盛る。すだ
ちなどを添えてもよい。

b オレンジと
グレープフルーツのゼリー

■材料(4人分)
グレープフルーツ …… 大1個(320g)
オレンジ …… 大1個(180g)
グラニュー糖 ……60g
板ゼラチン ……3g

1 板ゼラチンを冷水100ccに浸してふ
やかしておく。
2 オレンジとグレープフルーツは果肉
を袋から出す。しみ出た果汁はボウル
に受ける。
3 鍋に果肉、果汁、グラニュー糖を入
れ、果肉をほぐしながら火にかける。
煮立ったら火を止め、**1**のゼラチンを加
えて溶かす。溶けたらすぐにボウルに
流して粗熱をとり、冷蔵庫で3時間以上
冷やしてとろとろに固める。

牛肉のリエット風
En comme rillettes
[アン・コム・リエット]

リエットは煮た肉を細かくほぐして
まとめたもの。前菜の定番料理のひ
とつです。バゲットにつけてどうぞ。

翌日のリメイク集
煮汁はおいしい褐色ソースに！
時間をかけた練れた味わいです

リメイク1 おなじみメニューに
オムライス
Omelette au riz pilaf
[オムレット・オー・リ・ピラフ]

ビーフシチューの具をご飯といっし
ょに炒めてピラフにして、煮汁は煮
つめて自家製ドミグラス風ソースと
して使います。大好評です。

■材料（1人分）
ビーフシチュー …… 適量
ご飯 …… 80g
卵 …… 3個
無塩バター …… 15g
生クリーム（もしくは水）…… 小さじ1
塩 …… 適量

1 シチューの牛肉、にんじん、じゃ
がいもを小さく切る。煮汁は適度に
煮つめてソースにする。
2 フライパンにバター10gを入れ、
ご飯と肉、野菜を炒める。塩ひとつ
まみとシチューの煮汁大さじ2〜3で
味をつける。器に紡錘形に盛る。
3 卵を溶いて、塩ひとつまみ、生ク
リームを加えて軽く混ぜる。フライ
パンにバター5gを溶かし、卵を入れ
てかき混ぜ、ふんわり柔らかめのオ
ムレツを作る。ピラフの上にのせる。
4 オムレツの中央に切り目を入れて
開く。**1**のソースをかける。

■材料（2人分）
ビーフシチュー（汁気をのぞいて）
…… 100g
ピュアオリーブ油 …… 小さじ2
おろしにんにく …… 小さじ⅓
バゲット …… 適量
ここでは野菜のギリシャ風（作り方
P.57）をつけ合わせに。なくてもよい。

1 ビーフシチューの肉を細かく刻
む。じゃがいもは軽くつぶし、にん
じんとブロッコリーはみじん切りに
する。すべて合わせてボウルに入れ
る。
2 **1**に、オリーブ油とおろしにんに
くを加えてハンバーグを作る要領で
こねてなじめばでき上がり。
3 ソースは、シチューの煮汁を適度
に煮つめ、オリーブ油を少量加えて
作る。器に**2**を小さくまとめて盛り、
ソースをかける。野菜のギリシャ風、
バゲットを添えてもいい。

うまみがぎゅっと詰まったフランス風ハヤシライス

ミロトン（ハッシュドビーフ）

Bœuf miroton

［ブッフ・ミロトン］

ハヤシライスの原形といわれる煮込みです。元来は前日のポトフーの残り牛肉で作るもの
で、パサパサした肉をおいしく食べられるようにと工夫した料理です。ぼくもフランス修
業のころ、レストランのまかないで何度も食べましたが、残りもののせいでしょうか、け
っしておいしいものではありませんでした。ここでは残り肉ではなく、生肉から作ったの
で、ミロトンにしてはおいしすぎるぐらいうまみのある料理になってしまいました。こう
したいろいろな素材の味が渾然一体となった料理では、味の引き締め役が必要になります。
ミロトンでは、トマトや玉ねぎから甘みが出るので、コルニションという小さなきゅうり
の酢漬けや黒こしょうがその大切な役目をしています。

■材料(4人分)
牛もも薄切り肉 ……400g
玉ねぎ ……2個(300g)
A┌トマト ……500g
 ├白ワインビネガー ……50cc
 └水 ……500cc
B┌オリーブ油 ……大さじ1
 └塩 ……小さじ½
無塩バター ……70g
コルニション(P.109参照) ……40g
パセリ(みじん切り) ……少々
塩 ……適量
黒こしょう ……少量
つけ合わせ
ご飯 ……適量

● 代用いろいろ　牛もも肉→脂身の少ない部位ならももでなくてもよい。
● 鍋　広口の厚手鍋
● 煮込み時間　約1時間半

こんなふうに楽しんで

ここでは野菜をあまり使わず、牛肉主体の料理に仕上げましたが、にんじんやセロリなどの香味野菜を加えてもよいでしょう。フランスでは煮込んでからオーブンで焼いて仕上げるのが一般的ですが、日本人ならこれを白いご飯と合わせてハヤシライス風に気取らずに楽しんでもらうのもよいと思います。

1 玉ねぎは繊維に沿って薄切りにする。トマトは湯むき(P.110参照)してざく切りにする。コルニションは斜め薄切りにする。牛肉にBの調味料をまぶしてもみ、1枚ずつにはがす。そのまま20分ほどおく。

2 鍋にバター40gを入れ、溶け始めたら玉ねぎを加える。茶色くなるまで木べらで混ぜながら弱火でゆっくり炒める。玉ねぎ自体の水分が少なくて炒め続けられないときには、ときどき水をたしながら炒める。

3 フライパンにバター30gを入れ、溶け始めたら牛肉を加え、強火で焼き色がしっかりつくまで焼く。

4 玉ねぎの鍋に**3**の肉と材料Aを加え、弱火で煮込む。水気が少なくなったらコルニションを加え、味をみる。必要なら塩ひとつまみを加え、黒こしょうをふる。ハヤシライス風に食べるなら、この状態で盛りつけてもよい。盛りつけてからパセリをふる。

5 オーブン焼きにするならグラタン皿に盛りつけ、200℃のオーブンで7分ほど焼く。最後にパセリをふる。

オーブンで焼くと、一段と香ばしくなり、また煮汁が煮つまって濃厚な味わいになります。じゃがいもやなすを下に敷いて焼くと、また雰囲気の違う料理として楽しめます。

牛肉の赤ワイン煮

Bœuf bourguignon

［ブッフ・ブルギニョン］

こんなふうに楽しんで

にんじんのグラッセ、小玉ねぎのグラッセ、マッシュルームのソテー、ベーコンのソテーを添えるのが定番です。また、ヌイユというフランスのパスタもよくつけ合わせに用いられます。フランスの伝統的な重厚さを感じさせる一皿に仕上げたいですね。

ぼくにとっても、多くの料理人にとっても、この料理では煮汁の煮つめと、その煮汁をさまざまな味と融合させていかにソースとしておいしく仕上げるかがとても重要だと思います。大げさな言い方ですが、ぼくたちにとっては、やはりソースは命なのです。ここでは赤ワインをぐーっと煮つめて「ミロワール」（鏡のようにつやつやになる）にしたり、バターを焦がして香ばしい香りを出してから加えたりします。ひとつひとつの工程を経るごとに、赤ワインが風味豊かなソースへ変化していきます。おいしく変化させることは調理の楽しみ。一見面倒とも思える工程ですが、このなかにこそ料理の楽しみがあるように思います。

■材料（4〜6人分）
牛ばら肉（かたまり）……1.2kg
A┌ 赤ワイン ……250cc
　│ にんにく ……1個（球のまま）
　└ 塩 ……12g
B┌ 赤ワイン ……750cc
　│ ブイヨンキューブ ……1/2個
　└ 水 ……500cc
C┌ 赤ワイン ……300cc
　│ クレーム・ド・カシス（P.108参照）
　└ ……大さじ1
無塩バター ……40g
オリーブ油 ……大さじ2
強力粉 ……小さじ2
水 ……適量
つけ合わせ
小玉ねぎのグラッセ（作り方はP.55）
にんじんのグラッセ（作り方はP.54）
きのこのバターソテー（作り方はP.57）
じゃがいものピュレ（作り方はP.54）

●代用いろいろ　つけ合わせにした野菜料理はすべてそろえなくてもかまいません。また、P.54〜57のつけ合わせメニューからお好きなものを組み合わせてもよいでしょう。
●赤ワイン　この料理で合計約1300cc使用します。最後の風味づけ用は上質なほうがよいのですが、Aの漬け込み用、Bの煮込み用は安価なもので充分です。
●鍋　直径24cmくらいの厚手鍋
●煮込み時間　約2時間半

前日に下ごしらえをする。牛肉を5〜6cm角に切る。にんにくは球根状のまま横半分に切る。ビニール袋に牛肉とAの材料を入れてぴったり口を閉じ、冷蔵庫に一晩おいて風味づけする。

2 1の漬け汁を小鍋に移し、水大さじ3を加えて弱火であくを引き出す。あくが固まったら茶こしでこす。

3 フライパンにオリーブ油を熱し、1の牛肉とにんにくを焼く。強い焼き色がつくまで焼けたら鍋に移す。

4 肉に強力粉をふりかけ、全体にからめながら炒める。粉にうっすら色がついて鍋底にへばりつくようになったら、Bと2の漬け汁を加えて煮る。あくが出たら取り除き、ふたをして弱火で2時間ほど煮る。途中、水分が減ったら適宜水をたす。肉が柔らかくなったら火を止め、煮汁に浸したまま1時間ほどそのままおいておく。

5 別の小鍋にCを入れ、弱火で1/10量くらいまで煮つめる。写真のような光沢が出て、こびりつく寸前まで。

6 4の鍋の粗熱がとれたら肉を取り出し、煮汁を火にかけて、半量まで煮つめる。この煮汁をレードル1杯ほど5の鍋に加えてのばし、完全に溶かす。取り出しておいた肉を煮込み鍋に戻し、5のソースを加えて温める。

7 フライパンにバターを溶かして焦がしバターを作る。フライパンを絶えずゆすりながらバターを焦がしてゆき、薄茶色になったら（けっして濃い茶色にしない）、すぐに6の鍋に加えてひと混ぜする。最後の味みをして味をととのえる。赤ワインを風味づけに大さじ1（分量外）加え、ひと混ぜしてすぐに火を止める。

最後の味みと味の仕上げ

ここでは最後に赤ワインを加えましたが、そのときどきの味のでき具合によって、ブランデーやクレーム・ド・カシス、酢などをごく少量加えることもあります。使用する赤ワインや肉質などによって微妙にプラスしたい風味が違うためです。でき上がりのイメージをふくらませて選択してみてください。いずれも風味を添えるものなので、加えてひと混ぜしたら、すぐに火を止めてください。

堅い肉をどうやっておいしく食べようか、身近な野菜をどう料理に生かそうか……フランスがけっして物質的に豊かではなかった時代に日々の暮らしのなかで生まれ、受け継がれてきた料理です。鍋に肉と野菜をごろごろ入れて、ただゆっくりじんわり煮ていきます。煮出されたスープは滋養に富み、肉も野菜も柔らかく食べやすくなります。古くから庶民に親しまれてきた料理ですから、そのときどきの事情によって多彩なポトフーが作られてきたはずです。肉は牛肉でも鶏肉でも豚肉でもよいし、野菜もそのとき手近にあるものでよいでしょう。

P ポトフー
Pot-au-feu（ポトフー）

野菜はまるごと煮るのが、ぼくのポトフーの基本スタイル。いざ食べようと大きな野菜にナイフを入れて、たっぷりと煮汁を含んだ野菜のおいしさを味わうとき、ポトフーならではの魅力を感じます。

肉と野菜の滋味にあふれるフレンチ煮込みの原点
牛肉のポトフー
Pot-au-feu
［ポトフー］

このシンプルで簡単な料理で、ぼくが唯一こだわっているのが、スープは澄まして仕上げたいということです。澄ますポイントはまず火加減で、ぽこぽこ煮立ててしまうと濁ってしまいます。表面がゆらゆら揺れる程度の火加減を維持するようにしてください。それから、いっしょに煮込むと濁ってしまう素材は、使わないか、別ゆでにしてから最後に加えることです。かぶがなければカリフラワーでもキャベツでも代用できますが、それは煮てもスープを濁らせない野菜だからです。じゃがいもやかぼちゃなど、煮て濁りのもとになる素材は別ゆでしてから加えるようにします。

■材料(4〜6人分)
牛もも肉か牛すね肉(かたまり)
　　……1.5kg
A┌玉ねぎ ……1個
　│にんじん ……細め2本
　│セロリ(茎) ……70g
　└ポロねぎ ……100g(10cmくらい)
かぶ ……3個(300g)
じゃがいも ……小2個(250g)
さやいんげん ……1パック
クローブ ……6本
塩、水 ……各適量
肉の下味用
B┌塩 ……45g(肉の重さの3%)
　│グラニュー糖
　│　　……23g(肉の重さの1.5%)
　│黒こしょう
　└　　……4.5g(肉の重さの0.3%)
食卓用
塩 ……適量
コルニション ……適量
ヴィネグレット・ムータルド(作り方はP.35) ……適量

●**代用いろいろ** かぶと同様の使い方で→カリフラワー、キャベツ。
さやいんげんと同様の使い方で→絹さや、モロッコいんげん。
●**鍋** 煮込み用に直径22cmぐらいの厚手鍋(圧力鍋は不適)。じゃがいもをゆでるための小鍋。
●**煮込み時間** 約2時間

下ごしらえ　1

牛肉にBの調味料をまぶし、ころがしたりもんだりしてよくなじませる。2cm間隔にたこ糸でしばり、バットにのせ、冷蔵庫で一晩おく。

2

玉ねぎにクローブを刺す。にんじんは皮をむく。セロリは筋をとる。かぶは上下を切る。さやいんげんはへたを切り落とす。じゃがいもは洗う。

煮る　3

一晩おいた肉をさっと水で洗う。湯を沸かし(ぽこぽこ煮立っていない状態)、肉を入れる。火加減は、写真のように表面だけがゆらゆら揺れる状態にする。これは澄んだスープにするために大切なことで、けっして泡がぽこぽこと沸き立つようではだめ。ふたはしない。

4

あくが出てきたら、ある程度あくがまとまるまで待ってから取り除く。この段階のあくを神経質にとる必要はなく、ガバッと汁ごととっていい。また鍋につきっきりでとり続ける必要もなく、たまにとればよい。

5

煮ていくうちに水が減る。肉が煮汁から顔を出したら、ときどき水をたす。

6

肉を煮る間に、別鍋でじゃがいもを水から弱火でゆでる。ゆだったら皮をむいておく。

7

肉に竹串を刺してキュッキュッとやっと入る程度に煮えたら、Aの野菜を加える。ここからは水をたさずに煮る。野菜が浮いて頭を出すようなら落としぶたをする。30分くらいしたらかぶを加え、すべての野菜に竹串がすっと通るまで柔らかく煮る(約15分)。鍋の中はむやみに混ぜない。

仕上げ　8

肉に竹串がすっと通る柔らかさになったら、さやいんげんと別ゆでしたじゃがいもを加え、温まればでき上がり。肉と野菜は盛りつけるときに、食べ手の数に合わせて大きく切り分ける。

食卓調味料と薬味も用意しましょう

ポトフーの食卓には、たいてい塩、マスタード、コルニションを用意します。普通のポトフーは煮込み中には塩味をつけず、各自がテーブルの塩で味つけするためです。ただ、ぼくのレシピでは煮上げた段階で、肉からほどよい塩味が出ているのでなくてもかまいません。マスタードはそのまま添えても、ソース(ヴィネグレット・ムータルド)にして使ってもよいでしょう。ぼくはこれをたっぷりつけて食べるのが好きです。

ヴィネグレット・ムータルド

マスタードそのままよりも軽やかで、酸味のさわやかなソースです。残った肉をほぐしてこれでさっとあえてもおいしいですし、アンディーブのサラダのドレッシングにもおすすめ。

■材料
A┌マスタード ……60cc
　└塩 ……小さじ⅓
ピュアオリーブ油 ……50cc
黒こしょう ……2つまみ

ボウルにAを入れ、泡立て器で混ぜて塩を溶かす。黒こしょうを加え、さらに手早く混ぜながら、オリーブ油を細くたらしながら加えてのばす。

コルニション(左)

小さなきゅうりの酢漬けで、薬味的な存在として欠かせません。この鋭角的な酸味があってこそ、ポトフーの味が引き締まって最後までおいしく食べられます。

塩(右)

各自で味をととのえられるように一応用意しますが、なくてもかまいません。この塩はスパイスをブレンドしたもの。

たとえばポトフーで
おもてなし

鍋の温もりもおいしさのうち。鍋をどーんと食卓に出して、その温もりをみんなで共有するのもよいでしょう。ポトフーはその内容からして、一品料理としてとても充実しています。あえてサイドディッシュはいりませんが、もし添えるなら、ほんのおつまみ気分のものがよいでしょう。グージェールはトラディショナルなおつまみで、シュー生地で作るチーズ味のもの。オリーブの実のマリネは保存がきくので、店でも食前の小さなおつまみ用に常備しているものです。フロマージュ・ブランはフランスのフレッシュチーズ。前菜でも食後でも楽しめるように各種のフレーバーを用意しておきます。

Garnitures
グージェール
オリーブの実のマリネ
フロマージュ・ブラン

a グージェール

■材料(大きめ12個分)

A ┌ 薄力粉 ……20g
  └ 強力粉 ……20g
B ┌ 牛乳 ……35cc
  │ 水 ……35cc
  │ 無塩バター ……28g
  │ グラニュー糖 ……2g
  └ 塩 ……ひとつまみ
全卵(溶いたもの) ……60g
グリュイエールチーズ ……適量

●焼く前には、あらかじめオーブンを180℃に温めておく。

1 Aの粉を合わせてふるう。
2 鍋にBをすべて入れて中火にかける。煮立ったらAの粉を一度に加えて木べらで手早く練り混ぜる。
3 練り続けて、粉がひとまとまりになり、鍋底に薄い膜がはりつくようになったらボウルに移す。
4 すぐに溶き卵を少しずつ加えて手早く力強く練り合わせていく。生地を木べらですくったときに、くっついて落

ちにくく、ゆっくり流れ落ちる状態になればよい。絞り袋に直径約1cmくらいの口金をつけ、生地を入れる。
5 天板にオーブンシートを敷き、直径3.5cmに12個絞り出す。水でぬらしたスプーンで、生地の上を軽く平らにする。
●ここではポトフーのおおらかな雰囲気に合わせて大ぶりに作りましたが、スタンダードは一口サイズ。大きさは好みでよい。
6 絞った生地の上にグリュイエールチーズをすりおろしてたっぷりのせる。
7 180℃オーブンで10分ほど焼く。生地の割れ目の中にも焼き色がついていればでき上がり。出して冷ます。

b オリーブの実のマリネ

■材料

オリーブの実(瓶詰)100g ケイパーの実(瓶詰。なくてもよい)30g オリーブ油適量 乾燥ハーブ(ローリエ、タイム、マジョラム、ローズマリーなど)少量

1 オリーブとケイパーの実を水洗いし、たっぷりの水に浸して一晩おく。
2 実の水気をきって鍋に入れ、オリーブ油をかぶるぐらいに注ぐ。乾燥のハーブを加え、70℃まで温めて、5分くらい煮る。油に漬けたまま冷まし、冷めたら容器に入れて冷蔵庫に保存する。半年は保存可能。

c フロマージュ・ブラン (P.111参照)

塩とシブレット(チャイブ)のみじん切りをふって、食前や食事の最後に。フランスでは、甘くして食べるのは朝食用ですが、日本ではデザート的に甘くしてもわるくありません。ここではメープルシロップを用意しました。

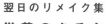

翌日のリメイク集

滋養のあるおいしいスープは
翌日だって積極的に使いたくなります

リメイク1 冷麺風に
冷製スープパスタ

Bœuf à la mode
en spaghetti froid

[ブッフ・ア・ラ・モード・アン・スパゲッティ・フロワ]

肉や野菜のエキスが出たおいしいスープは、冷たくしても味わい深いものです。好みの麺でどうぞ。

■材料(1人分)
ポトフーのスープ150cc ポトフーの肉や野菜適量 細めのパスタ25g A[塩2つまみ にんにくオイル小さじ1½ タバスコ3ふり 黒こしょう少量] マスタード適量

1 スープを冷たくしておく。肉と野菜は食べやすく適宜カットする。
2 パスタを塩分1.4%の湯で柔らかめにゆで、水にとって冷ます。よく水気をきってボウルに移し、Aをからめる。器に盛り、冷たいスープを注ぎ、肉、野菜をのせてマスタードを添える。

リメイク2 いつものご飯で
滋味おじや

Risotto d'œuf

[リゾット・ドゥフ]

滋養に満ちたやさしい味がして、ちょっと体調がすぐれないときでも、じんわりと癒されていくようです。

■材料(1人分)
ポトフーのスープ150cc じゃがいも(ポトフーの残り)¼個 冷やご飯80g 卵1個 塩ひとつまみ

1 じゃがいもを厚さ2mmのいちょう切りにする。
2 小鍋にスープを温め、ご飯とじゃがいもを入れ、塩を加える。煮立ったら、卵を溶いて鍋に入れ、さっとかき混ぜる。

リメイク3 ミキサーにかけるだけ
いろいろ野菜の
ポタージュ

Potage-purée de légume

[ポタージュ・ピュレ・ド・レギューム]

翌日の野菜は味の抜け殻状態。そこで、ポトフーのおいしいスープといっしょにミキサーにかけます。ほっとするやさしい味わいのポタージュに。

■材料(2人分)
ポトフーのスープ160cc ポトフーの残り野菜をいろいろ合わせて計100〜150g 牛乳70cc 塩ひとつまみ シブレット(なくてもよい)適量

1 小鍋にスープと野菜を入れ、さっと温める。すべてミキサーに移して3分攪拌する。
2 目の細かいこし器を通して鍋に戻し、塩と牛乳を加えてさっと温める。器に注ぎ、シブレットの小口切りを散らす。

きのこ入りで味わい深く

鶏肉のポトフー

Pot-au-feu de poule aux champignons

［ポトフー・ド・プーレ・オー・シャンピニオン］

ポトフーの野菜は何を使ってもよいというのがぼくの考えです。そこで、ここではきのこ入りを作ってみました。フランス産のきのこがあれば本格的ですが、日本の干ししいたけや生のしめじ、えのきだけなどを組み合わせても立派なポトフーになります。きのこの代わりに豆類を入れれば滋味豊かな味わいになりますし、大根や白菜ならあっさりした仕上がりになります。こんなふうに身近にある野菜を利用して煮るのがポトフーの本来の姿といってよいでしょう。鶏肉は煮すぎないことがポイント。20〜30分で柔らかくなって、これ以上煮るとうまみが抜けてぱさつき、皮がむけてきて見た目がわるくなります。

■材料(4人分)

鶏もも骨つき肉 ……4本(約800g)

干ししいたけ ……8枚

しめじ ……½パック(100g)

しいたけ(生) ……6〜8枚(120g)

マッシュルーム ……4〜6個

えのきだけ ……1パック(200g)

にんにく ……2〜3かけ

A ┌ 塩 ……10g

　├ グラニュー糖 ……5g

　└ 黒こしょう ……ひとつまみ

塩、グラニュー糖、黒こしょう

　……各適量

水 ……1.7ℓ

食卓用

マスタード ……適量

コルニション(P.109) ……適量

●**代用いろいろ**　きのこ→手に入るものでよい。数種類使ったほうがおいしくなる。ただしエリンギは苦くなり、まいたけはスープが黒くなるので不向き。

●**鍋**　直径24cmぐらい(鶏もも骨つき肉4本がすっぽり入る大きさ)の厚手鍋

●**煮込み時間**　約30分

1

鶏肉にAの調味料をふり、よくもみ込む。そのまま30分おく。

2

干ししいたけを水に浸してもどす。

3

しいたけとマッシュルームは軸を切り、石づきを切り落とす。軸はとっておく。しめじ、えのきだけは根元を切り落として小さく切り分ける。

4

鍋に分量の水を注ぎ入れ、しいたけとマッシュルームの軸、干ししいたけとそのもどし汁(45cc)、にんにく(薄皮をつけたまま)、1の鶏肉を入れ、中火にかける。煮立ったらあくを取り除く。湯面がゆらゆら揺れて、ときどきぽこっと泡が浮かぶ火加減にして煮る。

5

20分くらいしたら鶏肉に金串を刺して火の通り具合を確認する。抵抗感があっても金串が入るぐらいに火が通っていたら、残りのきのこを一度に加える。10分ほど煮て、きのこに火が通ったらでき上がり。

●食卓用のコルニションを右写真のようにいっしょに盛りつけてもよい。

干ししいたけのもどし汁も使ったの
で、少ない材料で、しかも短時間調
理なのに、深いスープの味を出すこ
とができました。ぼくはフレンチと
して作りましたが、和食や中華の食
卓にも合うでしょう。おいしいもの
に国境はないというお手本のような
ポトフーです。

豚肉の塩漬けを使ったクラシックな煮込み

ポテ

Potée
［ポテ］

ぼくはいつもいつも、もっとフランスの豚肉料理の本当のおいしさ
を知ってほしいなあと心の底から願っています。ポテはそんなぼく
が大切にしている料理のひとつです。料理自体はテクニックとして
難しいことは何もありません。水から材料を静かに煮ていけば、そ
れだけで本当においしいスープができ上がり、豚肉はしっとり柔ら
かく煮上がります。ポイントは豚肉を塩に漬けて1週間待つことと、
けっしてぐらぐら煮立てないことの2点です。透明なスープにする
ためにはあくをとりますが、あくが出てきたら一気にガバッとすく
いとれば、もうそれで大丈夫。鍋につきっきりでちょこちょことあ
くをすくう必要はありません。

■材料(4人分)
豚ばら肉の塩漬け(作り方は下記)
　……400g
豚もも肉の塩漬け(作り方は下記)
　……650～700g
キャベツ ……小1個(600g)
じゃがいも ……小4個(400g)
水 ……適量
食卓用
マスタード ……適量

● 鍋　直径24cmくらいの厚手鍋
● 煮込み時間　約4時間

こんなふうに楽しんで

とても素朴な料理です。ライ麦入りのパンなどを合わせるとぴったりだと思います。ポテはフランス各地にありますが、たいていキャベツとじゃがいもが入ります。お好みの野菜をいろいろ加えてもかまいませんが、この2つだけはぜひ入れてポテらしく作ってください。このキャベツとじゃがいもを入れて作るポテはオーヴェルニュ風といわれるスタイルです。

1 豚肉の塩漬けを水で洗ってから、流水に30分ほどさらして塩抜きをする。じゃがいもは皮つきのまま水から弱火でゆでて、皮をむいておく。

2 鍋に水を2ℓ入れ、**1**の肉を入れて中火にかける。煮立ってあくが出てきたら取り除く。湯面がゆらゆら揺れて、ときどき泡がぽこっと出るくらいの火加減(弱火)にして煮る。ふたはしない。水分が蒸発して肉が顔を出したら、適宜水をたしながら煮る。

3 2時間半くらい煮て、肉がほぼ柔らかくなったらキャベツを縦4等分に切って加える。ここからは水が減ってもあまり水をたさない。

4 さらに1時間ほど煮て、肉が完全に柔らかくなったら、ゆでたじゃがいもを加える。温まったらでき上がり。

フランスの伝統的保存食

豚肉の塩漬け

Petit salé
［プティ・サレ］

フランス語名を直訳すると「塩漬けされた小さなもの」。保存を目的に豚肉を塩漬けにしたものです。用いる部位はおもにばら肉ともも肉で、ばら肉の塩漬けはいぶして乾燥させるとベーコンに、もも肉の塩漬けはゆでるとハムになります。豚肉の塩漬けは、豚肉加工品のベースとしても重要な存在。煮込み料理では、この熟成した肉の味と塩気がうまみの素として大きな役割を果たします。余ったらベーコンのように使ってかまいません。

■材料
豚もも肉、豚ばら肉 ……各500～800g
A ┌ 塩 ……肉の重さの3%
　├ グラニュー糖 ……肉の重さの1.5%
　└ 黒こしょう ……肉の重さの0.3%

塩漬けの基本の割合(重さ)
豚肉100：塩3：グラニュー糖1.5

1 豚肉にAの調味料をまぶしつける。肉が柔らかくなるのを感じるまで、手でころがしてもみ込む(写真a)。
2 **1**の肉をビニール袋に入れ、中の空気を抜いて閉じる。冷蔵庫の氷温室かチルド室で1週間おく。
●シュークルート(P.96)で使うときは、上記プロセス**1**の通りに塩抜きしてから用いる。

a

b

B ブイヤベース
ouillabaisse（ブイヤベース）

プロヴァンスを代表する魚介料理ですが、もともと磯でとれた小魚などをその場で一気に煮上げた漁師の料理です。その醍醐味といったら、魚介のおいしさを豪快にシンプルに楽しむこと。風味は軽くていきいきしています。日本のレストランでは、なぜかそれとはかけ離れた雰囲気の料理になっていますが、家庭でトライするならぜひ本場フランス流に豪快に作って食べて、その本当の魅力を味わってください。マルセイユ風、パリ風などがあり、それぞれその土地で揚がる魚介を用いて作られます。

できたての香りのよさは最高です。魚もスープも全部ごちそうですから、いっしょに一皿に盛りつけて、南仏の明るい気分で豪快にどうぞ。ルイユというにんにくソースを添えていただくのが南仏スタイル。

さらっと軽い、魚介の豪快ごちそう煮込み

ブイヤベース、マルセイユ風

Bouillabaisse marseillaise
［ブイヤベース・マルセイエーズ］

マルセイユ風とは、本来マルセイユ港で水揚げされる魚介で作られたものにその名が
つきますが、ここは日本。手近な魚介でその味に近づけてみました。フランスではラ
ングスティーヌというえびで甲殻類特有の甘みをたしますが、ぼくは代わりにわたり
がにを使います。日本のえびは風味が繊細で味がなかなか出ないためです。見た目の
華やかさはえびに劣りますが、甘みのあるよいだしが出て、味をぐんと深めてくれます。

43

■材料(6〜8人分)
魚いろいろ(かさご、きんき、ほうぼ
　　う、めばる、あなご、きすなど)
　　……計2kg(うろこ、わた、えら
　　を取り除いたもの。鮮魚店に頼む)
わたりがに(冷凍でもよい)
　　……350〜400g
玉ねぎ……300g
フヌイユ(フェンネル。P.111参照)
　　……株元の白い部分100g(なけれ
　　ば省く)
ポロねぎ……100g(10cmくらい)
にんにく……2かけ
トマト……650g(皮、種を除いて
　　400g)
白ワイン……150cc
ピュアオリーブ油……60cc
サフラン……小さじ1½
塩……小さじ2弱
水……適量
食卓用
ルイユ(作り方はP.45)……適量
バゲットのトーストを添えてもよい。

● **代用いろいろ**　わたりがに→伊勢えび。中
型のえびの場合は味が弱いので、重さにして
かにの3〜4倍は必要。貝類を加えてもよい。
● **鍋**　直径26cm以上のなるべく大きな鍋
● **煮込み時間**　13〜15分

ブイヤベース向きの 魚介をそろえる

ゼラチン質の多い、味の出る魚を4種
くらい取り合わせるとおいしくなり
ます。材料表のとおりにそろえる必
要はありませんが、かさごはよい味
が出るので必ず加えます。あなごも
手に入るならぜひとも使ってほしい
素材です。あとは、きんき、ほうぼ
う、めばる、きす、きんめ、かれい
などから選ぶとよいでしょう。買う
ときには鮮魚店で、うろこ、えら、
わたを取り除いてもらってください。

下ごしらえ　1

わたりがに全体をブラシなどを使っ
てきれいに水洗いする。殻をはずし、
口につながっているえさ袋と、左右
の灰色をした「がに」を取り除く。は
さみはつけ根で切り落とす。腹部分
を足をつけたまま4つか6つに切り分
ける。足は包丁でたたいてひびを入
れ、味が出やすいようにする。

2

きす以外の魚をすべてぶつ切りにす
る。

3

フヌイユは繊維を断ち切るように1〜
2mm幅の細切りにする。にんにくは
薄切りに、玉ねぎは1cm幅のくし形
に切る。ポロねぎは縦半分にしてか
ら1〜2mm幅の細切りにする。水で
浸し洗いをして土汚れを落とし、ざ
るに上げておく。トマトは皮を湯む
きして(P.110参照)、横半分に切って
種を取り除く。

炒める　4

鍋にオリーブ油を温め、玉ねぎ、フ
ヌイユ、ポロねぎ、にんにくを加え
て炒める。

煮る 5

玉ねぎに透明感が出てきたら白ワイン、サフランを入れ、きす以外の魚介をすべて加える。ちょうどひたひたになる量の水（1.5〜2ℓくらい）を加え、火加減を全開の強火にして煮る。途中あくがとれれば取り除くが、無理にとることはない。

6

5分ほどして魚介にだいだい火が通ったら、塩で味をととのえ、きすを加えて数分煮る。きすは煮くずれやすいので、やっと煮立つくらいに火を弱める。

仕上げ 7

魚介に完全に火が入ったら、トマトをにぎりつぶしながら加える。3〜4分ほど煮ればでき上がり。味をみて、うまみがたりないようならあと数分煮る。

ブイヤベース用のマヨネーズソース
ルイユ ［rouille］

にんにくはプロヴァンスのヴァニラともいわれ、南仏料理のフレーバーとしては重要な存在。ルイユは、にんにくの風味と唐辛子の辛みをきかせたプロヴァンス地方のソースで、ブイヤベースといえばこのソースが欠かせません。ボイルした魚介のソースにも使います。

1 サフランをレンジにかけて（500Wで2分）乾燥させ、スプーンの背でつぶして粉末にする（写真a）。
2 ボウルに材料Aを入れてゴムべらで混ぜ合わせる。
3 さらに混ぜながら、オリーブ油を細くたらしながら加えていく。大さじ1ほど加えたところで塩を加える。残りのオリーブ油を、同様に細くたらしながら混ぜ合わせる（写真b）。
● 使うときに表面が堅くなっていたら、水少量を加えてゆるめる。

a

b

■材料
A
  卵黄 ……1個
  にんにく（すりおろす）…… 小さじ1強
  サフラン ……2つまみ
  カイエンヌペッパー ……2つまみ
  黒こしょう ……2つまみ
塩 ……小さじ½
ピュアオリーブ油 ……50cc

ぼくが使う魚介はすべて食べるためのもので、だし用と食べる用に分けて使うことはしません。そのため鍋ごと豪快に食卓に出してもOK。サフランは贅沢に使ったほうが、やはり香り高く、断然おいしくなります。

たとえば ブイヤベースで おもてなし

ブイヤベースは一気に煮て仕上げるスピード料理なので、おもてなしといってもその場で仕上げなくてはなりません。そのためサイドディッシュは、あらかじめ作っておけるメニューが向いています。そして基本的にはブイヤベースにはない味わいをプラスするように考えて、ここでは2品作ってみました。ワインはお好みのものでかまいませんが、ロゼや軽い白、またペルノーなどアニス系リカーの水割りが南仏気分を盛り上げるにはよいかもしれません。

Garnitures

ジャーマンオムレツ

さやいんげんと
アンディーヴのサラダ

a ジャーマンオムレツ

■材料(4人分)
じゃがいも ……小3個(300g)
ベーコン(または牛ひき肉) ……80g
無塩バター ……30g
卵 ……2個
塩 ……小さじ½

1 じゃがいもを細切りにする。ベーコンは3mm幅に切る。
2 フライパンにバターを溶かし、ベーコンを炒める。ベーコンから脂が出てきたらじゃがいもを加え、塩(牛ひき肉の場合は小さじ⅔)をふって炒める。
3 じゃがいもが炒め上がったら、卵を溶いてまわしかけ、フライ返しで全体を丸く整えながら焼く。下のほうの卵に火が通ったら、ひっくり返して両面をこんがり焼く。

b さやいんげんと アンディーヴのサラダ

■材料(4人分)
さやいんげん ……200g
アンディーヴ ……40g
塩、ディル ……各適量
ソース・ヴィネグレット(作り方はP.113)
　……適量

1 さやいんげんを塩分2%の湯で歯ごたえを残す程度にゆでる(3分ほど)。アンディーヴは繊維に垂直に細切りにし、5分ほど冷水にさらす。
2 皿に1を水気をきって盛り、ディルを散らし、ソース・ヴィネグレットをまわしかける。

翌日のリメイク集
**残ったブイヤベースには
魚介のエッセンスがたっぷり。
まずはスープ・ド・ポワソンに**

リメイク1　贅沢スープに
魚介のスープ
Soupe de poisson
［スープ・ド・ポワソン］

これはブイヤベースのおいしさを凝縮させたスープといっても大げさではありません。もし少しでもブイヤベースの魚介とスープが残ったら、まずはぜひこのスープを作ってください。すばらしい海の幸の味です。

■材料（あるだけ作るとよい）
ブイヤベースの残ったスープと魚介（あらも使う）……適量

材料をシノワ（P.10参照）に入れ、麺棒でつぶしながらこす。シノワがなければ、まずスープをこし器でこしてから、魚介の肉とあらをボウルの中で麺棒などでこなごなにたたきつぶす。魚介のおいしい汁がにじみ出てくる。これをこし器に入れ、おいしいエキスを残さず絞りとるようにこし出し、先のスープと合わせればいい。トーストを添えてもいい。

リメイク2　雑炊風に
魚介スープのリゾット
Risotto cuit avec la
soupe de poisson
［リゾット・キュイ・アヴェ・ラ・スープ・ド・ポワソン］

左で作ったとびきりおいしいスープがあれば、さっと冷やご飯を入れて煮るだけでも、極上の味わいです。

■材料（1人分）
魚介のスープ（左記のもの）……200cc
冷やご飯……茶碗半分
グリュイエールチーズ……10g
あればブイヤベースのかになど
　　　……適量

小鍋にスープとご飯を入れてさっと煮る。ご飯がほぐれたらグリュイエールチーズをふって火を止める。器に盛りつけ、かにの足などをのせる。

リメイク3　スープパスタに
魚介スープの
煮込みパスタ
Spaghetti à la soupe
de poisson
［スパゲッティ・ア・ラ・スープ・ド・ポワソン］

左の魚介のスープでパスタを煮込む贅沢な一品。目の覚めるようなおいしさに驚かれるはずです。

■材料（1人分）
魚介のスープ（左記のもの）……400cc
好みのパスタ（ここではリングイネ）
　　　……50g
パセリ（みじん切り）……少量
パルミジャーノチーズ……少量
水……200cc

鍋にスープと分量の水を入れて煮立て、パスタを加えて10分ほどかけて（パスタの種類による）柔らかめに煮る。器に煮汁ごと盛りつけ、パセリとパルミジャーノチーズをふる。

カレーはいくつものスパイスをブレンドして作る、香りのよさと辛さが魅力的な世界に名だたる煮込み料理の逸品です。フランスでは辛いものが好まれないので一般的ではありませんが、そのよい香りだけはカレー風味として料理に用いられます。ここではインドのカレーとタイのカレーに、フレンチのテクニックとセンスを盛り込んで、ぼく流に作ってみました。玉ねぎの使い方、スパイスの合わせ方、ワイン使いなどに、フレンチとしてのこだわりを出しました。ただ、ぼくは辛さに強いので、辛さはしっかり日本人向けに強調してあります。

C カレー
urry（キュリー）

谷オリジナルのスパイスミックスのガラムマサラは、とりこになりそうなよい香り。特色はフェヌグリークというスパイスが入っていること。カラメル香があります。

谷オリジナルのガラムマサラを使って

インド風チキンカレー

Curry de poulet à l'indienne

［キュリー・ド・プーレ・ア・ランディエンヌ］

びりびりするぐらいに辛いカレーが食べたいとき、ぼくが店のまかないで作っているカレーです。ガラムマサラ（カレー粉）は何冊もの本を見て、自分なりに研究してブレンドしました。店の料理にも使いたいので辛みは入れず、辛さは料理するたびに、別に唐辛子を炒めて補っています。また、カレーでは玉ねぎのうまみがとても重要です。玉ねぎを、茶色くへたへたになるまで炒めます。こうすることで、こくのある濃厚な甘みとうまみが出てきます。ちょっと時間はかかりますが、玉ねぎを炒めてしまえばカレー作りの半分は終わったようなものです。インドでは鶏肉を生のまま煮始めるようですが、ぼくはフレンチ風に先にカリッと焼いてから煮込みます。やっぱりこのほうが断然好きなんです。

■材料(4人分)
鶏もも骨つき肉 ……4本(800g)
玉ねぎ ……2½個(500g)
にんにく ……2かけ
しょうが ……15g
赤唐辛子 ……3〜5本
ガラムマサラ(作り方は下記)
　……大さじ3
ターメリック ……小さじ1½
無塩バター(またはギー) ……50g
サラダ油 ……大さじ1
強力粉 ……小さじ1
鶏がらスープの素(顆粒)
　……小さじ3
黒こしょう ……少量
塩、水 ……各適量

● 代用いろいろ　ガラムマサラ→市販のカレー粉(カレールーではない)でもよい。その場合は唐辛子とターメリックは使わない。
● 鶏もも骨つき肉　購入時に、1本を3つにぶつ切りにしてもらうと下ごしらえがらく。
● 鍋　直径22cmぐらいの厚手鍋
● 玉ねぎの炒め時間　約50分
● 煮込み時間　約20分

谷オリジナル ガラムマサラの作り方

ガラムマサラとは、インド料理で使われるミックススパイスのこと。ぼくのレシピでは、コリアンダー12g、フェヌグリーク10g、クミン4g、シナモン4g、カルダモン2g、クローブ2g、メース1g(以上すべてホール状)を全部合わせ、ミキサーで粉末にします。唐辛子を加えていないので辛みはなし。

ベース作り　1

玉ねぎを繊維にそってごく薄切りにする。にんにくとしょうがも薄切りにする。赤唐辛子は水に浸して柔らかくしてから縦に切り、種を取り除く。

2

鍋にバターと赤唐辛子を入れて炒める。香りが出てきたら、玉ねぎ、にんにく、しょうがを加え、木べらで混ぜながら弱火で炒める。50分ほどかけて、玉ねぎが写真のように茶色く、くたくたの状態になれば炒め上がり。もし途中で水分がとんで玉ねぎを炒め続けられないときは、適宜水をたしながら炒める。

下味つけ　3

玉ねぎを炒めながら、鶏肉の準備をする。鶏もも肉をぶつ切りにし、塩小さじ1をふり、手でよくもみ込む。バットに移してそのまま30分おく。

4

玉ねぎが炒まったらガラムマサラ、ターメリック、強力粉を加えて全体に混ぜながら炒める。強力粉に火が通ると粘りが鍋底につくようになる。こうなったら水1ℓと鶏がらスープの素を加え、弱火にかける。

肉を焼く　5

フライパンにサラダ油を温め、中火で**3**の鶏肉をよく焼く。写真のように表面がカリッとしてこんがりと焼き色がつけばよい。途中、鶏の脂が出てきたら捨てる。

煮る　6

4が煮立ってきたら**5**の鶏肉を加え、弱火で煮る。途中で味みをして、薄いようなら塩小さじ1程度を加える。20分ほど煮て鶏肉が柔らかくなったら黒こしょうをふってでき上がり。

汗をかきかき
白いご飯と食べるのがいちばん

ぼくは辛いカレーを汗をかきながらフーフー言って食べるのが好きです。とくに暑いときのカレーは、汗がたくさん出てきて、とても爽快な気分です。このカレーは、やはりライスカレースタイルで白いご飯にかけてしまうのがおいしいと思います。野菜がほとんど入っていないので、グリーンサラダなどで野菜を添えてもいいでしょう。そして、かたわらにはインドのヨーグルトドリンク「ラッシ」を用意してください。冷たく甘酸っぱいヨーグルトは、ひりひりする舌のほてりを鎮めてくれます。

マンゴーラッシ
Crème de yaourt à
la mangue
[クレーム・ド・ヤウール・ア・ラ・マング]

ちょうど手もとに熟れたマンゴーがあったので使ってみました。なければヨーグルトだけでプレーンタイプにしてもまったくかまいません。

■材料(4人分)
ヨーグルト(無糖) ……200g
牛乳(または水) ……200cc
マンゴー ……大1個
グラニュー糖 ……大さじ2

1　マンゴーは皮をむいて果肉をカットして裏ごしする。
2　ボウルにヨーグルトとグラニュー糖を入れて泡立器でむらなく混ぜ、牛乳を加えてなめらかに溶のばす。
3　**1**のマンゴーを加えて混ぜ合わせ、冷蔵庫で冷やす。

51

フレンチのエスプリが香るエスニック

タイ風グリーンカレー

Curry à la thaïlandaise

［キュリー・ア・ラ・タイランデーズ］

タイ風カレーはけっこう好きで、ぼくのスペシャリテのなかでもソースに応用しています。ここで紹介するのは、あくまでもぼく流のもので、本場のタイカレーとは違います。ベースの味作りがフランス料理的で、砂糖を使わずに玉ねぎで甘みを加えたり、油脂にバターを使ったり、白ワインの風味を加えたりしています。タイ独特の風味は市販のペーストに頼るところがありますが、フレンチっぽくするなら、量を減らして、辛みを抑えるとよいでしょう。

こんなふうに楽しんで

白いご飯に加えて、バターの香りのするふんわりオムレツを添えると、見た目にもフレンチらしさを感じてもらえるかもしれません。タイカレーの煮汁は魚料理のソースとしても充分に応用できるおいしさがあります。野菜を取り出してスープを煮つめ、焼いた白身魚などにかけると、趣向の変わったフランス料理に。

■材料(4人分)

無頭えび(冷凍ブラックタイガー
　　または大正えび)……8尾(100g)
なす……2個(200g)
玉ねぎ……½個(140g)
緑ピーマン……1個(50g)
赤ピーマン……大½〜⅔個(80g)
レモングラス……10cm
こぶみかんの葉……10枚
オレンジ……½個
グリーンカレーペースト
　　……50g(1パック)
カレー粉……小さじ1
白ワイン……75cc
ココナッツミルクパウダー
　　……50g(300ccの水で溶いておく)
無塩バター……30g
鶏がらスープの素(顆粒)
　　……小さじ1
オイスターソースまたはナムプラー
　　……小さじ½〜1
塩、水……各適量
つけ合わせのオムレツ
　┌卵……2個
　│無塩バター……小さじ1強
　│牛乳……小さじ1
　└塩……ひとつまみ
ご飯……適量

●代用いろいろ　えび→ソテーした鶏肉でも
よい。
なす、ピーマン→たけのこの細切りなど。
ココナッツミルクパウダー→缶詰のココナッ
ツミルクでもよい。
●鍋　直径22cmくらいの鍋
●煮込み時間　野菜を加えてから約5分

1 玉ねぎはくし形に切る。緑、赤ピー
マンは細切りにする。なすは皮を縞
目にむき、縦に8つに切る。えびは殻
をむき、背に深く切り目を入れて開
く。背わたをとる。

2 鍋にバターを熱し、溶け始めたらカ
レーペーストとカレー粉を加えてさ
っと混ぜ合わせる。

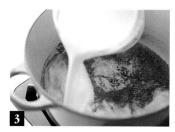

3 ふつふつと煮立ってきたら、白ワイ
ン、ココナッツミルクパウダーを溶
いたものを注ぐ。

4 なす、玉ねぎ、レモングラス、こぶ
みかんの葉、鶏がらスープの素、水
400ccを加えて中火で煮る。なすにほ
ぼ火が通ったら、味をみて、必要な
ら塩少量を加える。オレンジの果汁
をこし器を通して絞り入れる。

5 オイスターソースまたはナムプラー
を加えて味をととのえる。えび、ピ
ーマンを加え、ひと煮立ちしたらで
き上がり。
つけ合わせ用のオムレツを作る。卵
を溶き、塩、牛乳を加え、バターを
熱したフライパンで木の葉形に焼く。
器にご飯、カレーを盛りつけ、オム
レツをのせる。

白いご飯を別皿に盛り、各自でカレーを
かけながら食べるのもよいでしょう。か
ける量で辛さの調整もできます。

シチューのつけ合わせ便利ノート

味や色、歯ごたえ、旬の香りなど、いろいろ取り合わせを考えて、
このなかから1品でも3品でもどうぞ。どれもシチューを引き立ててくれる野菜料理です。

じゃがいものピュレ
Pommes de terre mousseline
［ポム・ド・テール・ムスリーヌ］

肉料理のつけ合わせにぴったり。生クリームとバターをたっぷり加えるので、なめらかでとてもクリーミーです。

■材料(4人分)
じゃがいも(メイクイーン)小2個(170g)
生クリーム75cc　無塩バター75g　塩ひとつまみ

1　じゃがいもを皮つきのまま水に入れ、弱火でゆっくりゆでる。ゆで上がったら熱いうちに皮をむき、適当な大きさに切って裏ごしする。
2　鍋に生クリーム、バター、塩を入れ、中火にかける。バターが溶けたら1のじゃがいもを一度に加える。
3　中火のまま木べらでよく練り合わせる。なめらかになり、粘りが出てきたらでき上がり。
●裏ごし器は目の細かいものを使う。和食用の平らな裏ごし器を使うと手早くできる。

にんじんのグラッセ
Carottes glacées
［キャロット・グラッセ］

にんじんは上の太い部分と下の細いところでは微妙に味が違います。これはほか野菜でもいえることです。そこで部位によって違ういろいろな味、そしてトータルした全体のおいしさを楽しんでもらうために、ぼくはまるごと縦割りにして使います。

■材料(4人分)
にんじん小6本　無塩バター50g　塩小さじ½　水適量

1　にんじんは皮を薄くむき、縦4つに切る(太いにんじんなら縦6つに切る)。
2　鍋ににんじんを入れ、ひたひたになるぐらい水を注ぎ、バター、塩を加えて弱火で煮る。にんじんが柔らかくなる前に水がたりなくなったら途中で水を加える。
3　にんじんが柔らかくなったら火を少し強めて、水気をとばしていく。最後は鍋をゆすりながらにんじんにバターをからめ、つやよく仕上げる。

カリフラワーのピクルス
Pickles de chou-fleur
［ピクルス・ド・シューフルール］

生のカリフラワーのこりこりした歯ざわりが心地よいフランス風の即席漬け。濃厚な煮込み料理にこれをつけると、口がさっぱりして、おいしいものです。

■材料(4人分)
カリフラワー(軸を取り除いたもの)1株
A［水500cc　白ワイン60cc　レモン汁½個分　塩小さじ⅓］
オリーブ油大さじ1

1　カリフラワーは軸を取り除き、花の部分だけにする。
2　鍋にAの材料をすべて入れ、火にかける。ひと煮立ちすればよい。
3　保存容器にカリフラワーを入れ、あつあつの2を注ぎ、オリーブ油を加える。粗熱がとれたら冷蔵庫に入れる。
●1日ぐらいおいて味のなじんだところで食べる。冷蔵庫で1週間ぐらい保存可。

小玉ねぎのグラッセ

Petits oignons glacés

［プティ・ゾニョン・グラッセ］

つややかに仕上げるには最後がポイント。玉ねぎに火が通ってから、鍋に残ったバターを表面にからめます。

■材料（4人分）
小玉ねぎ15個（270g）　無塩バター20g
塩ひとつまみ

1　小玉ねぎは薄皮をむき、根を切り落とす。

2　フライパンにバターを熱し、溶け始めたら玉ねぎを入れる。強火でころがしながら炒める。

3　バターが焦げてきたら、水200cc（分量外）を加え、強火にして煮立てる。煮立ったらあくを取り除く。

4　塩を加え、柔らかくなるまで中火で煮る。根の部分から縦に竹串を刺してみて、すっと入るようならフライパンをゆすりながら水分をとばしていく。最後に残ったバターを玉ねぎの表面にからめきったらでき上がり。

ほうれん草の
焦がしバターソテー

Feuilles d'épinards sautées
au beurre noisette

［フォイユ・デピナール・ソーテ・オー・ブール・ノワゼット］

大きめのフライパンでさっと炒めて仕上げます。もしフライパンが小さいようなら、2回に分けて炒めて、できるだけ手早く加熱するようにします。

■材料（4～6人分）
ほうれん草1束（225g）　無塩バター15g
塩ひとつまみ

1　ほうれん草は水洗いして、1本ずつ軸と太い葉脈を取り除く。葉だけにする。

2　フライパンにバターを入れ、絶えずフライパンをゆすりながら熱していく。バターのぶくぶくした泡立ちが消え、香ばしいよい香りが出てきたら焦がしバターのでき上がり。すぐに1のほうれん草と塩を加え、全体を手早く大きく混ぜ合わせる。

3　まだ葉に少し生っぽい部分が残っている状態でざるに移す。少しすると余分な水分とあくが落ちる。

とうもろこしの
バターソテー

Grains de maïs au beurre

［グラン・ド・マイス・オー・ブール］

甘みのあるとうもろこしは肉料理によく合うつけ合わせ。きれいな黄色が食卓をぱっと華やかにしてくれます。

■材料（4～6人分）
とうもろこし（冷凍）250g　玉ねぎ40g
ベーコン40g　無塩バター20g　塩ひとつまみ

1　玉ねぎを薄切りに、ベーコンは2mm幅の細切りにする。

2　フライパンにバターを熱し、溶け始めたら、玉ねぎとベーコンを加えて色づけないように炒める。

3　玉ねぎがしんなりしてきたら、とうもろこしを凍ったまま一度に入れ、塩をふってからめる。

4　水気が出てきたら強火にして温度を上げ、ぼこぼこ煮立つ状態になったら中火に戻してふたをして煮る。

5　とうもろこしが芯まで温まったら火を止め、ふたをしたまま10分蒸らす。

かぼちゃのソテー
Potiron sauté
[ポティロン・ソーテ]

ほっくりとしたかぼちゃの食感を生かすにはバターで焼くのがいちばんです。焦げやすいので弱火でじんわり焼くようにしてください。かぼちゃらしい大きさと形を生かして、ぼくは大ぶりに縦にカットします。

■材料(4人分)
かぼちゃ …… 小¼個
無塩バター …… 30g
塩 …… ひとつまみ

1 かぼちゃの皮をむき、種をとる。¼個を4〜6つのくし形に切る。
2 フライパンにバターを熱し、溶けかけたところでかぼちゃを入れ、弱火で両面をゆっくり焼く。
3 全体にきれいな焼き色がついたら塩をふる。もしほどよい焼き色がついているのに芯まで火が通っていないようなら、電子レンジに移して加熱する(500Wで1分程度)。

バターライス
Riz au beurre
[リ・オー・ブール]

フランスでは、お米は野菜のひとつとしてとらえられています。ここでも主食ではなく、料理のつけ合わせとして、バター風味豊かに作っています。

■材料(4人分)
米280g 無塩バター100g 塩小さじ½ 水470cc(米の1.5倍量) マティニオン(作り方P.112。なくてもよい)適量

1 大きめのフライパンを熱してバターを入れる。溶け始めたら米を洗わずに加えて炒め、バターを全体になじませる。バターがぶくぶくと泡立ってきたら火から下ろす。
2 水を1に加えてさっと混ぜ、炊飯器に移して普通に炊く。
3 米が炊けたら、塩をふり入れ、全体をざっくりと混ぜ合わせる。好みでマティニオンを適量混ぜ合わせるとより風味が増す。P.18ではマティニオンなしのバターライスを献立に加えています。

レンズ豆のブレゼ
Lentilles braisées
[ランティーユ・ブレゼ]

レンズ豆は、水に浸してもどさなくてもすぐに煮える小粒の豆です。皮なしもありますが、煮くずれしやすいので、皮つきを使ってください。

■材料(4人分)
レンズ豆80g 玉ねぎ20g ベーコン20g 無塩バター10g 塩適量
A[赤ワイン60cc クレーム・ド・カシス小さじ1 ブイヨンキューブ½個]

1 たっぷりの水にレンズ豆を入れ、塩少量を加えて煮る。煮立ったら弱火にして25分ぐらい煮る。
2 豆が柔らかくなったらざるに上げて水気を軽くきる。
3 玉ねぎは薄切りに、ベーコンは1mm幅の細切りにする。鍋にバターを熱し、ベーコンと玉ねぎを炒める。
4 Aを3の鍋に加えて混ぜ合わせる。ブイヨンキューブが溶けたら2の豆を入れ、塩ひとつまみを加え、汁気がなくなるまで煮る。

きのこの
バターソテー
Champignons sautés
[シャンピニオン・ソーテ]

きのこの種類が多ければ多いほどおいしくなります。さらに、あわびたけ、えのきだけなどを加えてもよいでしょう。まいたけはでき上がりが黒ずむのであまりおすすめしません。

■材料（4人分）
しいたけ6〜7枚　エリンギ1パック　しめじ1パック　無塩バター30g　塩小さじ⅔

1　しいたけは軸を取り除き、笠を十文字に4つに切り分ける。エリンギは小さめの乱切り、しめじは石づきを取り除き、小房に分ける。
2　フライパンにバターを入れ、ゆすりながら熱していく。初めの泡立ちが消えてうっすら色がついてくればよい。
3　きのこと塩を一度に加え、全体がしんなりとして色づくまで炒める。
●フッ素樹脂加工以外のフライパンでは、きのこがはりつきやすいので、きのことともに少量の水を加える。

グリーンピースの
バター煮
Petit pois à la parisienne
[プティ・ポワ・ア・ラ・パリジェンヌ]

グリーンピースにベーコンや玉ねぎを加えてうまみを添えます。水分を含ませるときにはふたをして、豆をふんわり柔らかく蒸し炒めにします。

■材料（4人分）
グリーンピース（冷凍）250g　玉ねぎ40g　ベーコン40g　無塩バター20g　塩ひとつまみ

1　玉ねぎは薄切りに、ベーコンは1mm幅の細切りにする。
2　フライパンにバターを熱し、溶け始めたところで玉ねぎとベーコンを加えて色づけないように炒める。
3　玉ねぎがしんなりしたら、冷凍グリーンピースを凍ったまま一度に入れ、塩を加えてざっと混ぜ合わせる。
4　水分が出てきたら一度強火にし、ぼこぼこ煮立ってきたら中火にしてふたをして蒸し煮状態にする。
5　全体が温まったら火を止め、ふたをしたままさらに10分ほど蒸らす。

野菜の軽い蒸し煮
ギリシャ風
Légumes à la grecque
[レギューム・ア・ラ・グレック]

甘酸っぱくて歯ごたえがよく、料理のアクセントにはぴったりです。冷蔵庫に入れておけば1週間以上保存できます。

■材料（8人分）
玉ねぎ小2個　にんじん1本　セロリ1本　カリフラワー1個　赤ピーマン1個　ピュアオリーブ油50cc
A［白ワイン400cc　はちみつ大さじ1　コリアンダーシード30粒　アスコルビン酸の原末（P.108参照）1g　塩小さじ⅔］

1　玉ねぎはくし形、にんじんは乱切り、セロリは厚さ3mmの斜め切りにする。カリフラワーは小房に分ける。ピーマンは小さめの乱切りにする。材料Aを混ぜ合わせておく。
2　鍋にオリーブ油を入れ、ピーマンを除く野菜をすべて加え、焦がさないように強火でさっと炒める。火が通らないうちにAを加える。
3　ひと煮立ちしたらピーマンを加え、火を止め、ふたをしたまま冷ます。

第2章　季節が香る

おいしい野菜を前にすると謙虚な気持ちになります。自分では作り出せない自然が育てた味であり、そのおいしさと個性を生かすも殺すも、自分の手にかかっているからです。おいしいスープにするために、ぼくはそれぞれの野菜に合った加熱方法を選びます。そして、なるべくブイヨン、牛乳、クリームなどを控えます。野菜のおいしさをどんなに上手に引き出しておいても、それらが加わることで簡単に消え失せてしまう繊細なものだからです。

本日のスープ

玉ねぎをていねいに炒めたぶんだけ深い甘みが生まれます

オニオングラタンスープ

Soupe à l'oignon gratinée
[スープ・ア・ロニョン・グラティネ]

玉ねぎを褐色になるまでじっくり炒めると自然な甘みとうまみが出てきます。そして、そのおいしさをもとにして作るのがこのスープ。若いころ、フランスに行ってこのスープを食べるのは、ぼくのひとつの夢でもありました。でも、パリで初めて食べたとき、それほどおいしくなくてがっかり。誤った認識による過剰な期待のためでした。これはレストランのスペシャリテのようにハレの日のごちそうではなく、フランス人の日常に密着したスープ。からだに負担をかけず栄養となり、ほっとするおいしさを提供するためのスープだったのです。

■材料(4人分)
玉ねぎ ……2½個(500g)
グリュイエールチーズ ……100g
バゲット(堅くなったものでもよい)
　……3mm厚のスライス8枚
無塩バター ……50g
ブイヨンキューブ ……2個
塩、水 ……各適量

● 代用いろいろ　グリュイエールチーズ→パルミジャーノチーズなど、硬質タイプのチーズなら可。
● 鍋　直径20cmくらいの厚手鍋
● 玉ねぎの炒め時間　約1時間
● そのあと仕上げまで　約10分

使うのは新玉ねぎ？ それとも貯蔵玉ねぎ？

このスープ作りでは、「玉ねぎの炒め」が最重要プロセスです。そこでチェックしてほしいのが玉ねぎ自体の水分量。収穫後の貯蔵期間よって水分量が違うので、それぞれに合った炒め方をしてほしいのです。もし新玉ねぎなら水分がたっぷりあるので、そのままゆっくり炒めていけばきれいな褐色に炒め上がります。しかし、長期貯蔵した玉ねぎは水気が少なめです。その場合は、ときどきで水分をたしながら炒めてください。そうしないと甘みを引き出すことと、褐色に炒めることが難しくなります。

スライスしたバゲットをオーブントースターで色づかない程度に軽く焼き、カリカリになるように並べて乾かす。すでに堅くなったバゲットがあれば、焼かずにそのまま使えばよい。

玉ねぎを縦半分に切り、根元を取り除く。脇から水平に数本浅い切り目を入れ、そのあとで繊維にそって縦にごく薄く切る。

炒め終わり

鍋にバターを熱し、溶け始めたら玉ねぎを加え、木べらで混ぜながら弱火でじっくり炒めていく。鍋肌に焼き色がついたら、木べらでこすって玉ねぎの水分に溶かしながら炒めていく。もしこの段階で玉ねぎの水分がなければ水を少し加え、鍋肌を木べらでこすって溶かす。最終的に写真のような褐色になるまで炒める。

ブイヨンキューブを砕いて入れ、水1ℓを注ぎ、10分ほど弱火で煮る。味をみて、薄ければ塩ひとつまみを加える(あとで塩味の強いチーズを加えるのでここではやや控えめに)。

食べるときに　器に温めたスープを注ぎ、**1**のバゲットを浮かべ、グリュイエールチーズをすりおろしてたっぷりのせる。オーブンかオーブントースターでチーズが溶けるまで焼く。

こんなふうに楽しんで

フランスでは大変日常的な料理ですので、ごちそうを作るような力みをとって、気軽に作って食べてください。そのほうがこのスープらしいといえるでしょう。パンもチーズも入っているので、このスープだけで軽い食事にすることもできます。玉ねぎはあらかじめ炒めておけば、食べたいときに短時間で手軽に作れます。このスープのできたては、器ごとあつあつ。冬の寒い夜などには、このあったかさもごちそうに。

プロヴァンス風具だくさんスープ。バジルとにんにくの香りを添えて

スープ・ピストゥー

Soupe au pistou
［スープ・オー・ピストゥー］

イタリア料理のミネストローネに似たプロヴァンス地方の野菜たっぷりのスープです。イタリア料理の影響で、バジルのペーストを仕上げに加えるのが特徴で、これがなければフランスならどの地方にもあるスープ・ペイザンヌ（田舎風スープ）といえます。また、さやいんげんをたっぷり使うのも特色です。日本では色を鮮やかに出すためにさっとゆでることが多い素材ですが、フランス流は違います。色よりも味を重視して、よく煮込みます。そうすることによって生まれる少し青臭いような香りや豆特有の甘みが、スープの味わいを深く、個性的にしてくれます。ぼくは、じっくり煮ることで引き出される野菜の風味がこのスープで大事なことだと思っています。

こんなふうに楽しんで

必ずアイヤードというバジル風味のソースを作って、スープに混ぜながら食べてください。このソースあってのスープ・ピストゥーですし、これがあるとないとでは、まるでおいしさの力強さが違うのです。ぼくはこれをたっぷり入れて食べるのが好きです。また、ベーコンや鶏肉の薄切りなどを加えれば、よりこくのある一皿になりますし、さらにボリュームをつけるなら、焼いた魚の上にスープをかけたり、トマトをもっとたっぷり入れてもプロヴァンスらしくてよいでしょう。プロヴァンスのイメージを頭に描いて、自由にアレンジしてください。

■材料(4〜6人分)
A ┌ 玉ねぎ …… ½個(100g)
  │ ポロねぎ …… ⅓本(120g)
  │ じゃがいも …… 小1個(100g)
  └ ズッキーニ …… 1本(100g)
さやいんげん …… 100g
トマト …… 2個(250g)
オリーブ油 …… 大さじ4
パスタ(スパゲティーニ) …… 70g
塩 …… 適量
黒こしょう …… 少量
水 …… 750cc
アイヤード(作り方は右記) …… 適量

●代用いろいろ　アイヤード→ジェノヴァペ
ーストでも可。
ズッキーニ、ポロねぎ→なくてもよい。
スパゲティーニ→バミセリなどの細いパスタ
や、小さな浮き実用パスタでも可。
●煮込み鍋　直径22cmぐらいの厚手鍋
●煮込み時間　野菜の炒めも含めて約50分

プロヴァンスのバジル入りにんにくソース アイヤード [aillade]

アイヤードはルイユやアイヨリと並ぶプロヴァンス特有のにんにく風味のソースのひとつ。卵黄が入っていて、ふんわり乳化させてあります。スープに使うだけでなく、たとえば地中海らしい魚、いわしやあじなどのソテーにつけてもプロヴァンスらしい一皿になります。また、カリカリに焼いたバゲットに塗れば、バジル風味のするガーリックトーストに。応用範囲の広い便利でおいしいソースです。

1 バジルをできるだけ細かく刻む。
2 ボウルにバジル、にんにく、卵黄を入れてゴムべらで混ぜ合わせる。
3 ゴムべらで混ぜながらオリーブ油を細くたらしながら加えて溶きのばす。塩を加えて調味する。
●泡立て器ではなくゴムべらで混ぜるのがポイント。泡立て器を使うと口あたりがわるくなってしまいます。アイヤードはゴムべらでふわっと柔らかく仕上げてください。

■材料
バジルの葉 …… 20g
にんにく(すりおろす) …… 10g
卵黄 …… 1個
塩 …… 小さじ⅓
エクストラヴァージンオリーブ油 …… 大さじ2

1
材料Aをすべて1cm四方の薄切りにする。じゃがいもは水にさらしておく。さやいんげんは5mm長さに切る。トマトは皮を湯むきし(P.110参照)、横半分に切って種を除いて1cm角に切る。

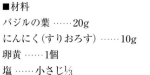

2
鍋にオリーブ油を入れ、玉ねぎとポロねぎを弱火で炒める。透明感が出てきたらさやいんげんを加え混ぜ、全体に油がまわったらじゃがいもを水気をきって加える。ズッキーニも加え、しんなりするまで炒める。

3
トマト、分量の水、塩5gを加え、野菜が柔らかくなるまで40分ほど煮る。あくはとらない。煮ている間にパスタをゆでる。別鍋に塩分1.4%の湯を沸かし、スパゲティーニを短く折って入れ、柔らかめにゆでる。野菜が柔らかく煮えたら黒こしょうをふり、ゆでたパスタを加えてさっと煮る。

4
スープ皿にアイヤードを1人分大さじ1弱ずつ(好みで加減を)入れ、上からあつあつのスープを注ぐ。アイヤードは、スープを食べながら適宜加えてもよい。

ポロねぎが香る冷製スープ

ヴィシソワーズ

Vichyssoise
［ヴィシソワーズ］

ヴィシソワーズというとじゃがいもの冷製スープというイメージがあるようですが、本来はポロねぎとじゃがいものスープです。しかもじゃがいもはとろみづけ用に加える脇役で、主役はあくまでもポロねぎだと思うのです。また、ポロねぎは高価ですから、使う以上は存分にその風味を料理に生かしたい。そのため、ぼくはブイヨンや生クリームをたさずに作ります。もちろん、たせばおいしくはなりますが、風味が豊かになりすぎて、繊細なポロねぎならではの甘みや芳香が消えてしまうのです。

■材料(4人分)
ポロねぎ(P.112参照)……⅔本(220g)
玉ねぎ ……⅓個(60g)
じゃがいも ……½個(50g)
無塩バター ……30g
牛乳 ……300cc
鶏がらスープの素(顆粒)
　　　……小さじ½
塩 ……小さじ⅔
水 ……500cc

● 鍋　直径25cmぐらいの厚手鍋
● 煮込み時間　炒め時間と合わせて約30分

こんなふうに楽しんで

ポロねぎは緑色した葉の部分が多く、白い部分だけで作るのはもったいない。ぼくは葉の色を生かしたヴィシソワーズがあってもよいと思って、ある程度は緑色部分も使います。そのためでき上がりは涼しげな淡緑色。

1　ポロねぎを縦2つに切り、端から1～2mm幅に切る。たっぷりの水で浸し洗いをして砂を落とし(写真a)、ざるに取り上げる。玉ねぎは繊維にそって薄切りにする。じゃがいもはごく薄切りにする。
2　鍋にバターを溶かし、ポロねぎと玉ねぎを入れ、弱火で色をつけないように木べらで混ぜながら炒める。透明感が出てきたらじゃがいもと塩小さじ⅓を加え、柔らかくなるまで炒める(写真b)。焦げそうになったら適宜水を加えて炒める。
3　分量の水、鶏がらスープの素、塩小さじ⅓を加えて1分ほど煮る。
4　煮汁ごとミキサーに移して、3分撹拌してなめらかにする。
5　目の細かいこし器でこし(写真c)、そのまま冷ます。粗熱がとれたら冷蔵庫に入れて冷やす。
食べるときに　冷やしたスープに冷たい牛乳を混ぜ合わせ、盛りつける。

じゃがいもの素材感がおいしくて、からだも舌もホッ

じゃがいものポタージュ

Potage Parmentier
[ポタージュ・パルマンティエ]

じゃがいもはくずれるぐらいに柔らかく煮て、スープにもじゃがいものエキスがしみ出すように作ります。もし、もっとパワーアップしたいなら、軽く炒めたベーコンや豚肉を少し加えてもよいでしょう。スープは食欲のないときでもすっと口に入っていくやさしい料理。ぼくも忙しくてまともな食事がとれないとき、ときどきこのスープのお世話になります。

■材料(4人分)

じゃがいも ……3個(360g)
ポロねぎ(P.112参照) ……⅔本(220g)
玉ねぎ …… 大½個(130g)
無塩バター …… 90g
黒こしょう …… 少量
フィーヌ・ゼルブ(作り方はP.111) …… 適量(なくてもよい)
塩 …… 小さじ⅔
水 …… 700cc

● 代用いろいろ　ポロねぎ→なければ省いて玉ねぎだけで作ってもよい。下仁田ねぎなら代用できるが、長ねぎは不向き。香り用にセロリを少し加えてもよい。
● 鍋　直径20cmぐらいの厚手鍋
● 煮込み時間　炒め時間と合わせて30分

1　縦半割りの玉ねぎを、さらに縦3等分に切り、端から繊維に直角に1〜2mm幅に切る。ポロねぎは縦半分にしてから1〜2mm幅に切り、水に浸して洗って砂を落とし、ざるに上げる。じゃがいもは皮をむいて4〜6等分に切り、1〜2mm幅の薄切りにする。

2　鍋にバターを溶かし、玉ねぎとポロねぎを加え、色をつけないように弱火で炒める。透明感が出て甘みが出てきたらじゃがいもを加え、くずれるぐらい柔らかく炒める(写真a)。

3　分量の水と塩を加えて温める。煮立ってから1分ほど弱火で煮る(写真b)。黒こしょうをふってでき上がり。器に盛りつけてフィーヌ・ゼルブを散らす。

あさりの風味がいっぱいのアメリカンスープ

クラムチャウダー

Soupe aux clams et aux légumes

[スープ・オー・クラム・エ・オー・ゼギューム]

アメリカのボストンの名物料理になっているはまぐりやあさりを使ったクリームスープです。ぼくもハワイで一度食べたことがあるだけで、フランスではついぞ見かけることがありませんでした。このスープは、あさりにさっと火を通して短時間で仕上げるのがおいしいもので、時間をかけると生クリームが分離したり、あさりが堅くなったりして味が落ちてしまいます。とかくスープや煮込みはじっくりと時間をかけて煮込むほどおいしくなると思っている人もいるようですが、必ずしもそうではありません。料理に応じて、素材に応じて煮込み時間は違います。牛肉や羊肉は少し時間をかけて煮込みますが、鶏肉は15分ぐらいで柔らかくなります。それ以上煮込んでもパサパサになるだけです。煮込み時間とおいしさは必ずしも比例しないと覚えてください。

■材料(4人分)
あさり(殻つき。砂出ししておく)
　　……800g
A┌玉ねぎ ……1個(200g)
　│セロリの茎 ……1本(70g)
　│じゃがいも ……小2個(200g)
　└ベーコン ……30g
生クリーム ……150cc
無塩バター ……30g
鶏がらスープの素(顆粒)
　　……小さじ1½
塩、水 ……各適量
クラッカー ……4〜8枚

● 代用いろいろ　クラッカー→バゲットをカリカリに焼いたクルトンを入れてもよい。あさり→はまぐりならさらにリッチな味に。
● 鍋　直径20cmくらいのふたのある鍋
● 煮込み時間　炒め時間と合わせて約30分

1

材料Aをすべて1cm四方の薄切りにする。

2

鍋をあつあつに熱し、水50ccを注ぎ入れ、すぐにあさりを入れる。ふたをして強火で2分蒸し煮にして貝の口を開ける。ざるをボウルにのせ、あさりを蒸し汁ごとあけて、あさりと汁に分ける。あさりは身を殻からはずす。

3

鍋にバターを入れ、溶け始めたら玉ねぎとセロリを入れ、木べらで混ぜながら炒める(弱火)。透明感が出てきたらベーコンを加え、脂が出るまで炒める。じゃがいもを加えて混ぜ合わせ、全体に油がまわったら、水800cc、塩小さじ1、鶏がらスープの素を入れる。

4

弱火で15分ほど煮て、じゃがいもによって少しとろみがついてきたら、あさりの蒸し汁をペーパータオルでこしながら加える。

5

生クリームを注ぎ入れ、あさりの身を加え、さっと温める程度に煮る。ここで煮すぎると分離してしまう。器に盛りつけ、クラッカーを砕いてのせる。

すぐに食べないとき　プロセス**4**まででストップしておき、食べるときに温め直して、生クリームとあさりを加えて仕上げる。

クルトンのように最後に散らすクラッカーは、写真の
ようにあらかじめスープに散らして出してもよいし、
スープボウルの横に割らずに1～2枚添えて出し、各自
で割って入れてもらってもよいでしょう。クラッカー
が入ると食感のアクセントにもなりますし、スープの
とろみづけにもなります。

　もしこれにぴったりのメインを考えるなら、シンプ
ルな料理がよいでしょう。たとえば魚介や鶏肉のソテ
ーなどです。このスープが風味とこくのあるクリーム
系だからです。

とうもろこしを贅沢に使った手作りの味は格別

コーンポタージュ

Crème de maïs

［クレーム・ド・マイス］

素材の名前をつけたポタージュは、その素材の風味がきちんと出ていることが大切だと思います。コーンポタージュなら、ちゃんととうもろこしの風味がしてほしいわけで、とうもろこしの色をしているけれど味はじゃがいもだったり、ブイヨンからくる肉類の風味が強かったりすると、ぼくはコーンポタージュという気がしないのです。ですから、ここで紹介するものは余分な素材を加えず、主役の素材をたっぷり使って作ります。生クリームも不要です。ミルキーさは牛乳で充分、それもたくさん入れる必要はありません。玉ねぎはマイルドな甘みを補うために加えています。

こんなふうに楽しんで

マイルドなスープなので、どんな献立に組み入れていただいてもよいと思います。朝食でも、夜食でもよいでしょう。甘みがあってでんぷん質が多いので、おなかがいっぱいになりやすいスープです。メイン料理の前に食べるなら量を控えめにして、カップスープにするとちょうどよいでしょう。

■材料(4人分)
とうもろこし(冷凍) ……300g
玉ねぎ ……1個(150g)
無塩バター ……50g
牛乳 ……60cc
鶏がらスープの素(顆粒) ……小さじ1
塩 ……小さじ⅓
水 ……500cc

●代用いろいろ　とうもろこし(冷凍)→生でももちろんOK。皮をつけたままゆでて、ゆで汁の中で粗熱がとれるまで冷まします。皮をむいて手で粒をばらして使います。缶詰は特有のにおいがあるのでできれば避けたほうがよいでしょう。
●鍋　直径20cmぐらいの厚手鍋
●煮込み時間　炒め時間を含めて約20分

1 玉ねぎを縦半分に切り、さらに横に3等分する。外側の鱗片を2枚ほどはがし、端から繊維にそって薄く切る。中心部も同じぐらいの大きさに切りそろえる。
●玉ねぎはとうもろこしのじゃまにならないように小さく切ることが大切。

2 鍋にバターを熱し、溶け始めたら玉ねぎを加えて弱火で色づかないように炒める。玉ねぎがしんなりして甘みが出てきたらとうもろこしを凍ったまま加える。

3 木べらで粗くつぶしながら、とうもろこしのよい香りが出るまで炒める。
●とろみのあるスープにしたければ、ここで強力粉を少しふり入れていっしょに炒める。

4 分量の水を加えて中火で煮る。煮立ったら鶏がらスープの素と塩を加えて味をととのえる。牛乳を加えてひと煮立ちしたらでき上がり。

アレンジ ● なめらかなクリーム仕立てに

コーンクリームポタージュ

Potage crème de maïs
［ポタージュ・クレーム・ド・マイス］

材料は上記と同様。
1 作り方は手順3までは同じ。水500ccを加えて煮立て、鶏がらスープの素と塩少量で味をととのえる。
2 煮汁といっしょにミキサーに入れ、なめらかになるまで3分撹拌する。
3 鍋に戻して牛乳を加え、ひと煮立ちしたらでき上がり。

どうしてこんなにおいしくなめらかになるの？

かぼちゃのポタージュ

Potage au potiron

［ポタージュ・オー・ポティロン］

かぼちゃ、バター、水、それに少しの牛乳だけで作るのに、どうしてこんなにかぼちゃがおいしく感じられるのでしょう。かぼちゃはバターでしっかり炒めることによっておいしさがパワーアップしてくる野菜です。ぼくはこの充分な炒めのことを「炒め殺す」と言っているのですが、よくよく炒めてペースト状になるくらいすっかり炒めくずすと、自然なこくと甘みが充分に引き出されてきます。そして、この力強くおいしいペーストができれば、あとは水で溶きのばすだけ。ナチュラルなかぼちゃのおいしさに満ちたスープになります。にんじんのスープもこの「炒め殺し」法で作っています。

■材料（4人分）

かぼちゃ（皮をむいて種をとったもの）

......350g

無塩バター......80g

牛乳......150cc

塩......小さじ1/2

水......500cc

クルトン（作り方は下記参照）

......少量（なくてもよい）

● **クルトン**　パンを5mm角に切り、バターで揚げて作っておく。

● **鍋**　直径22cmぐらいの厚手鍋

● **煮込み時間**　炒め時間を含めて約30分

1

分量のかぼちゃを細いくし形に切り、端から1mm厚さの薄切りにする。

炒め終わり

2

鍋にバターを入れて温め、かぼちゃを加え、木べらで混ぜながら炒める（弱火）。バターはすぐにかぼちゃに吸われるが、そのまま炒めていると自然にくずれてくる。さらに粘り気が出てきて鍋底からくるっとめくれるようになるまで炒める。ここまで炒めると甘みも出てくる。

3

分量の水を加え、かぼちゃを溶きのばす。塩を加えて味をととのえ、ひと煮立ち（約1分）させる。牛乳を加えてさっと煮て、器に注ぎ入れる。クルトンを浮かべてもよい。

アレンジ**1** 冷製仕立てに

かぼちゃの冷製ポタージュ

Potage au potiron

［ポタージュ・オー・ポティロン］

夏でも心地よく食べられるスープです。よく冷えた冷製スープは塩味を弱く感じます。温製に作るときよりも心持ち強めに味つけしてください。

手順**2**までは同じ（4人分）。

1 炒めたかぼちゃに水500ccを加えてのばし、塩味をつけ、1分ほど煮る。

2 **1**をミキサーに入れ、なめらかになるまで3分攪拌する。

3 容器に移し、粗熱がとれたら冷蔵庫に入れて冷やす。

4 食べる直前に冷たい牛乳200ccを合わせる。冷たいととろみが増すので、様子をみて必要なら水を100cc程度加えてのばす。

アレンジ**2** オードブル仕立てに

かぼちゃのフラン

Flan de potiron
aux aubergines frites

［フラン・ド・ポティロン・オー・オーベルジーヌ・フリ］

おいしいかぼちゃのポタージュで、フレンチ風茶碗蒸しともいえる「フラン」へ展開できます。牛乳を加えて甘く仕立てればかぼちゃのプリンですね。

1 かぼちゃのポタージュ100ccに対して全卵1個を混ぜ合わせ、塩ひとつまみを加えて味をととのえ、フラン皿やココットに流す。

2 150℃に温めたオーブンで、湯せん状にして20分蒸し焼きにする。蒸し器で熱してもよい。

3 トッピング用に、なすのスライスを素揚げにする。なすは2mm以下にスライスし、160℃くらいの油でじっくり揚げる。ベーコンの細切りをカリカリに炒める。蒸し上げたフランにのせる。

こんなふうに楽しんで

スープ自体にバター風味があるので、クルトンはなくてもかまいません。わが家では子供が幼かった頃、野菜嫌い克服のためによく作っていました。かぼちゃのほくほくした食感も、子供にはのどにつかえるような感じになるんですね。スープにするとのどごしなめらかなのでおいしいと言って食べてくれました。乳幼児なら離乳食になりますし、高齢のかたでもいただきやすいと思います。

野菜のおいしさをストレートに表現したピュレタイプのポタージュ

ビーツのポタージュ

Potage-purée de betterave

［ポタージュ・ピュレ・ド・ベトラーヴ］

ぼくが作るポタージュで、もっとも多いタイプがこの野菜のピュレで
作るポタージュ・ピュレ。野菜の繊細なおいしさを水とバターで煮出し
て、ピュレにして、そのままポタージュに仕立てます。ここでは色鮮
やかなビーツで作りましたが、いろいろな野菜を同じ方法でポタージ
ュにすることができます。この「ビーツのポタージュ」のように、料
理名に素材の名をつけるときは、食べたときに、その野菜の持ち味が
きちんと味わえなくてはいけないと思っています。生クリームや牛乳、
ブイヨンの風味は抑えぎみにして、野菜それぞれのおいしさをストレ
ートに発揮させるようにしています。

ビーツのポタージュで習う
ポタージュ・ピュレの基本の作り方

■材料(5〜7人分)

ビーツ(生。P.111参照) ……500g(4個)

無塩バター ……100g

クレーム・ド・カシス ……40cc

ブイヨンキューブ ……1個

塩 ……小さじ½

アスコルビン酸の原末(P.108参照)
　　 ……1g

水 ……1ℓ

トッピング(なくてもよい)

クレーム・ド・カシスのソース(作り方
　　は下記) ……適量

ビーツのオイル漬け(作り方は下記)
　　 ……適量

● **ビーツのオイル漬け** ビーツの皮をむ
き、厚さ2mmにスライスする。低温のオリー
ブ油でコンフィを作る要領で5分ほど煮る。
そのまま油に漬けて冷まして保存する。

● **クレーム・ド・カシスのソース** 赤ワイン
とクレーム・ド・カシスを8:2の割合で小鍋
に合わせ、弱火で⅕量まで煮つめる。

● **鍋** 直径20cmぐらいのもの

● **煮込み時間** 約30分

野菜は火の通りやすい切り方に

ビーツは皮をむき、1〜2mmの薄切
りにする。火が通りやすいように、
基本は薄め、小さめに切る。

スープのベースは水とバター

鍋に分量の水、バター、ブイヨンキュ
ーブ、塩を加えて火にかける。

野菜はおいしくなるまで煮る

煮立ったらビーツとアスコルビン酸
を加えて柔らかくなるまで煮る(約30
分)。ほぼ柔らかくなったらクレー
ム・ド・カシスを加える。もしこの段
階で分量が⅔以下に煮つまっていた
ら、最初の⅔量くらいになるように
水をたす。

●どんな野菜で作るときも、この段
階で食べてみて、ゆで野菜としてお
いしいなと感じる状態に煮えればス
ープもおいしくできる。煮すぎると
野菜の香りや味を失うので注意。

ミキサーには3分かける

煮汁ごとミキサーに移し、3分攪拌し
てなめらかなピュレ状にする。

●少し粘りが出るまで長めにかける。
材料のかたまりが見えなくなるだけ
ではまだたりない。

こし器でこしてでき上がり

目の細かいこし器でこす。こし器に
通したとき、ピュレがさーっと流れ
落ちるぐらいがよい。ゴムべらでご
しごしとこすようではミキシング不
足。プロは目の細かいシノワ(P.10参
照)を使うが、こし器やざるでも目が
細かければよい。こしたスープの粗
熱をとり、冷蔵庫でよく冷やす。

●ビーツのスープは温製にはしない
が、温製にするスープの場合は、鍋
に移してあつあつにして盛りつける。

仕上げ 器によく冷やしたビーツの
スープを注ぎ入れる。ビーツのオイル
漬けをそっと浮かべ、上にクレー
ム・ド・カシスのソースを小さじ¼ほど
かける。

人気の本日のスープ ポタージュ・ピュレを中心に

基本の作り方は前ページと同じ。折々の野菜を生かして
広がるメニューは数知れません。

グリーンピースの
スープ
Potage Saint-Germain
［ポタージュ・サンジェルマン］

カリフラワーの
スープ
Potage-purée de
chou-fleur
［ポタージュ・ピュレ・ド・シューフルール］

きのこのスープ
Crème de champignon
［クレーム・ド・シャンピニョン］

グリーンピースはここでは冷凍ものを
使いましたが、生を使うと一段と風味
が増します。色をきれいに仕上げるた
めに加熱時間はやや短めに。

■材料(3人分)
グリーンピース(冷凍)150g 無塩バタ
ー40g 鶏がらスープの素(顆粒)小さじ
1 塩ひとつまみ 水300cc

1 鍋に分量の水、バター、鶏がらスー
プの素、塩を加えて火にかける。
2 煮立ったら冷凍のグリーンピースを
凍ったまま加える。再び煮立ったら火
を止める。
3 煮汁ごとミキサーに移し、3分撹拌
する。
4 目の細かいこし器でこす。温製で食
べるなら鍋に移し、温めて盛りつける。
最後の味みをして必要なら塩を加える。
冷製にするなら、冷蔵庫で冷やす。濃
度が強いようなら牛乳を少し加えても
よい。
●冷製・温製どちらも可

カリフラワーの臭みをとるためにコリ
アンダーを少量加えます。これで味わ
いがぐっと上品になります。

■材料(6〜7人分)
カリフラワー正味(葉と太い軸を切り落
としたもの)300g 無塩バター30g コ
リアンダーシード(スパイス)2粒 牛乳
120cc 塩小さじ1 水700cc

1 カリフラワーを薄切りにする。
2 鍋に分量の水、バター、コリアンダ
ーシード、塩を加えて火にかける。
3 2が煮立ったらカリフラワーを加え、
柔らかくなるまで中火であくをとりな
がら3分ほど煮る。
4 カリフラワーが柔らかくなったら煮
汁ごとミキサーに移し、3分撹拌する。
5 4を目の細かいこし器でこす。温製
で食べるなら鍋に戻し、牛乳を加えて
温める。冷製なら、粗熱がとれたとこ
ろで冷蔵庫に入れて冷やし、食べると
きに牛乳を混ぜる。
●冷製・温製どちらも可

きのこは1種類ではなく、3〜4種を組み合
わせると風味が豊かになります。温製
なので一段と香りが強く感じられます。

■材料(6〜7人分)
きのこ(しいたけ、しめじ、エリンギなど)
合計250g なめこ40〜50g 鶏がらスー
プの素(顆粒)ひとつまみ 牛乳280cc
無塩バター60g 塩適量 水450cc

1 すべてのきのこを薄切りにする。バ
ター30gで、塩小さじ$\frac{1}{3}$をふって色づく
まで炒める。
2 鍋に水、バター30g、塩小さじ$\frac{1}{3}$を
入れて温め、煮立ったら1となめこを加
える。柔らかく煮えたら味をみて、薄
ければ鶏がらスープの素を加える。
3 煮汁ごとミキサーに入れ、3分撹拌
する。
4 目の細かいこし器でこす。鍋に入れ、
牛乳を加えてさっと温める。
●温製のみ

ブロッコリーの
スープ

Potage-purée de
brocoli
［ポタージュ・ピュレ・ド・ブロッコリ］

ブロッコリーを花蕾、細い軸、太い軸と3つの部分に分け、火の通りにくいものからゆでると色鮮やかに仕上がります。

■材料（5人分）
ブロッコリー1株（250g）　無塩バター25g　塩小さじ⅔　水600cc

1　ブロッコリーの花蕾を包丁で削る。太い軸は皮をむき、小口から薄切りにする。細い軸も細かい薄切りにする。
2　鍋に分量の水とバター、塩を入れて火にかける。煮立ったら軸の太い部分を入れて煮る。柔らかくなったら細い軸を加える。
3　細い軸が柔らかくなったら花蕾を加える。花蕾が色よく煮えたら、煮汁ごとミキサーに移し、3分攪拌してなめらかにする。
4　目の細かいこし器を通してこす。温製で食べるなら鍋に戻して温める。冷製にするなら粗熱をとってから冷蔵庫で冷やす。
●冷製・温製どちらも可

トマトのスープ

Potage-purée de
tomate
［ポタージュ・ピュレ・ド・トマト］

トマトのスープではバターの代わりにエクストラヴァージンオリーブ油を使います。油脂にも相性がありますから。

■材料（3人分）
トマト300g　にんにく½かけ　エクストラヴァージンオリーブ油大さじ2　白ワインヴィネガー大さじ1　バジルの葉4〜5枚　塩小さじ⅓　水200cc

1　トマトをざく切りに、にんにくを薄切りにする。バジルの葉を粗く刻む。
2　鍋に分量の水とエクストラヴァージンオリーブ油を入れ、トマトを入れて火にかける。沸騰したら、にんにく、白ワインヴィネガー、バジルの葉、塩を加えて中火で煮る。
3　トマトが柔らかくなったら、煮汁ごとミキサーに移して、3分攪拌する。
4　目の細かいこし器でこす。温製で食べるなら、鍋に戻して温める。冷製なら粗熱をとり、冷蔵庫で冷やす。
●冷製・温製どちらも可

栗のスープ

Crème aux marrons
［クレーム・オー・マロン］

栗は天津甘栗を使います。このほうが普通の栗よりもフランスの栗のような濃厚な香りや味わいがあります。

■材料（3人分）
天津甘栗（むいたもの）80g　無塩バター40g　セロリ5g　鶏がらスープの素（顆粒）小さじ½　牛乳50cc　塩ひとつまみ　水300cc

1　栗を細かく刻む。セロリは薄切りにする。
2　鍋に分量の水、バター、セロリ、塩を加えて火にかける。
3　3分ほど煮たらミキサーに移し、3分攪拌する。
4　目の細かいこし器でこす。食べるときに鍋に移し、牛乳を加え、温める。もし濃度が強すぎたら水をたす。最後の味みをして必要なら塩をする。
●温製のみ

そら豆のスープ
Potage-purée de fève
[ポタージュ・ピュレ・ド・フェーヴ]

豆のでんぷん質が適度なとろみづけになって、ポタージュらしい口あたりのスープになります。冷製でどうぞ。

■材料(3人分)
そら豆(冷凍)250g 無塩バター40g 鶏がらスープの素(顆粒)小さじ1 塩ひとつまみ 水300cc

1 そら豆は流水に浸して解凍し、皮をむく。
2 小鍋に分量の水、バター、鶏がらスープの素、塩を入れて火にかける。煮立ったらそら豆を加え、再び煮立ったら火を止める。
3 2を煮汁ごとミキサーに移して、3分攪拌する。
4 目の細かいこし器を通してこし、そのまま冷ます。粗熱がとれたら冷蔵庫で冷やす。食べるときにとろみが強ければ牛乳少々でのばす。
●冷凍そら豆は加熱処理をしてあるので煮すぎないこと。
●冷製のみ

ピーマンとオレンジのスープ
Soupe de poivron rouge à l'orange
[スープ・ド・ポワヴロン・ルージュ・ア・ロランジュ]

オレンジジュースを加えて、赤ピーマンのくせのある風味をカバーしました。ピーマン嫌いの人もぜひお試しください。

■材料(4人分)
赤ピーマン大1個(150g) オレンジジュース70cc 無塩バター40g ブイヨンキューブ1/2個 塩ひとつまみ アスコルビン酸の原末(P.108参照)0.5g 水500cc

1 赤ピーマンは種を取り除き、1〜2mmの薄切りにする。
2 鍋に水、バターを入れて温める。ブイヨンキューブ、塩、アスコルビン酸を加えて溶かす。
3 沸騰したら赤ピーマンを加え、柔らかくなるまで弱火で5分ほど煮る。
4 ピーマンを煮汁ごとミキサーに移し、3分攪拌する。
5 目の細かいこし器でこし、そのまま冷ます。粗熱がとれたらオレンジジュースを加え、冷蔵庫で冷やす。
●冷製のみ

かぶのスープ
Crème de navet
[クレーム・ド・ナヴェ]

かぶの香りを楽しむスープです。ヨーグルトと牛乳を加えて、かぶのくせをカバーして、まろやかに仕上げます。

■材料(4人分)
かぶ4個(茎を除いて正味400g) 無塩バター10g 塩小さじ2/3 ヨーグルト大さじ2 牛乳70cc 水250cc

1 かぶは皮をつけたまま四つ割りにして端から1〜2mmの薄切りにする。
2 鍋に分量の水、バター、塩を入れて温める。煮立ったらかぶを加える。
3 かぶを煮ていき、柔らかくなったら火を止める。
4 かぶを煮汁ごとミキサーに入れ、なめらかになるまで3分攪拌する。
5 目の細かいこし器でこす。冷製で食べるなら、容器に移して粗熱をとり、冷蔵庫で冷やす。食べるときにヨーグルトと牛乳を加えてほどよくのばす。温製にするなら鍋に移して温め、ヨーグルトと牛乳を加えてあつあつにする。
●冷製・温製どちらも可

モロヘイヤと
オクラのスープ

Potage aux gombos et
aux corètes potagères

［ポタージュ・オー・ゴンボ・エ・オー・コレト・ポタジェール］

粘り気のある野菜を組み合わせたスープです。舌にまとわりつくような食感を楽しんでください。冷製にすると特有のくせが気になりません。

■材料(6〜7人分)
オクラ2パック(140g)　モロヘイヤ1束(葉だけにして100g)　無塩バター15g　鶏がらスープの素(顆粒)小さじ1　塩小さじ⅓　水800cc

1　オクラはへたと先端を切り落として端から薄切りにする。モロヘイヤは茎を取り除く。
2　鍋に分量の水とバター、鶏がらスープの素、塩を加えて煮立たせる。煮立ったらオクラを加えて柔らかく煮る。
3　モロヘイヤを加えてひと煮立ちさせ、すぐに火を止める。
4　煮汁ごとミキサーに入れ、3分攪拌する。
5　目の細かいこし器を通してこし、粗熱がとれたら冷蔵庫で冷やす。
●冷製のみ

トマトのコンソメ

Consommé froid de
tomate

［コンソメ・フロワド・ド・トマト］

トマト果汁をこして冷やし固めた、谷シェフのスペシャリテです。人気の一品なので特別にご紹介します。

■材料(3〜4人分)
トマト(フルーツトマトなど)400g　A［水120cc　塩小さじ⅔　アスコルビン酸の原末(P.108参照)1g　グラニュー糖8g］　板ゼラチントマト液(容量)の1%

1　トマトをざく切りにし、Aとともにミキサーで3分攪拌する。
2　1を容器に入れて、冷蔵庫で半日おく。固形分と水分に分離してくる。
3　ボウルにざるをのせ、上にペーパータオル、大きめに切ったさらし布を順に重ね、2を注ぎ入れてこす。最後はさらし布の余っている部分で上面を覆い、落としぶた、重石をのせて一晩おく。
4　板ゼラチンを水でふやかす。3のこした液を鍋に入れて火にかけ、沸騰直前にゼラチンを加え、ひと煮立ちさせる。
5　容器に移し、冷蔵庫で一晩おく。
●冷製のみ

にんにくのスープ

Potage-purée d'ail

［ポタージュ・ピュレ・ダイユ］

にんにくはゆでこぼしと30分以上の煮込みの結果、においは意外なほど気にならないと思います。

■材料(2〜3人分)
にんにく50g　無塩バター15g　鶏がらスープの素(顆粒)小さじ1　牛乳45cc　水適量

1　にんにくは薄皮をむき、縦半分に切って中の芽を取り除く。
2　鍋にたっぷりの水とにんにくを入れて火にかける。煮立ったらざるにとる。
3　鍋に新たに水300ccを注ぎ、にんにく、バター、鶏がらスープの素を入れて火にかける。弱火で30分ほど煮る。
4　煮汁が³⁄₄に減ったら、煮汁ごとミキサーに移し、3分攪拌する。
5　目の細かいこし器でこす。鍋に戻して牛乳を加え、さっと温める。
●温製のみ

フランス料理の基礎ノート　1

ポタージュとスープ

Potage et Soupe

［ポタージュ・エ・スープ］

澄んだポタージュ

ポタージュ・クレール（potages clairs）といい、コンソメやブイヨンが属します。コンソメは牛肉、鶏などをブイヨンで静かに煮出したスープで、澄まして仕上げるのが特徴。贅沢に使った材料のうまみが凝縮しています。

クリームスープやコーンスープのようにとろみがついているものも、コンソメのように透明でさらっとしているものも、そして野菜や肉がざくざく入った具だくさんのものも、すべてフランス料理の分類ではポタージュと総称されます。どうして同じ「液体料理」にポタージュとスープという2つの名前があるのでしょう。その答えはフランス料理の歴史の中に見ることができます。

スープはパン入りの汁ものでした

昔の農村では毎日パンを買ってきたり、自宅で頻繁に焼くことができなかったので、堅くなったパンを煮ものの汁やワインに浸して食べやすくしていました。そもそもスープとは煮汁やワインに浸して柔らかくしたパンを指す言葉でした。それがしだいに、豆や野菜、卵、塩漬け肉などを煮込んだ料理をパンにかけたり、あるいはそれにパンを加えて煮込んだ料理もスープと呼ぶようになりました。スープにクルトンを浮かべるのはこうした古い時代のスープの名残だといわれています。

　18世紀ごろになると、裕福な階層の人々はスープを「庶民が食べる下品なもの」と考えるようになり、自分たちが食べる液体料理をポタージュと呼ぶようになりました。そして、裕福な人々が食べるスープにポタージュの名前がついたので、現在でもレストランで提供されるような洗練された「液体料理」はポタージュ、家庭で食べるような素朴なものをスープと呼び分ける傾向があるようです。

ポタージュは4種類に分類されます

フランス料理は非常に論理的で、さまざまな料理が系統的に分類されています。液体料理の総称であるポタージュは上のように「澄んだポタージュ」「とろみのあるポタージュ」「特殊なポタージュ」「外国のポタージュ」の4つに大きく分類されています。

　澄んだポタージュの代表はコンソメです。コンソメは一般的にはブイヨンで肉や野菜を煮出し、卵白であくを吸着させ、きれいにこしとって、あくまでも透明に仕上げます。一見すると、液体だけで具が何もなく、ものたりないようですが、この液体の中には肉と野菜のうまみ成分がたっぷりと溶け込んでいます。材料も手間も時間も贅沢に使って磨き上げた、ポタージュの宝石のような存在です。ブイヨンもこの分類に入ります。

ポタージュの分類

とろみのあるポタージュ

日本で普通にポタージュと呼ばれるもの。肉や魚介、野菜などを煮て、裏ごしして作ります。ポタージュ・リエ（potages liés）といい、なめらかさに特徴があります。とろみは野菜のピュレや米、小麦粉などでつけます。

特殊なポタージュ

具の形が残っている家庭的あるいは地方色の強いポタージュ。特別という意味で、ポタージュ・スペショー（potages spéciaux）と呼ばれます。ボリューム感があり、このスープとパンだけで食事にすることができます。

外国のポタージュ

ロシア、イギリス、イタリアなどのスープやポタージュはポタージュ・エトランジェ（potages étrangers）に分類されます。ミネストローネなどの海外のスープは、とろみがあっても澄んでいてもすべてここに入ります。

とろみのあるポタージュもいろいろ

「とろみのあるポタージュ」は肉や魚、野菜などを柔らかく煮て、裏ごししてなめらかに仕上げるのが大きな特徴です。とろみのつきにくい野菜で作る場合は、つなぎとしてじゃがいもや小麦粉などを加えてとろっと仕上げます。けれどもグリーンピースやかぼちゃなど、そのものにでんぷん質が多い野菜では、特別なつなぎなしでもピュレにするだけで自然なとろみがつきます。

　肉や魚で作るポタージュには「つなぎ」材料として小麦粉や米、卵黄を加えたり、えびやかにの内臓を使ってとろみづけをすることもあります。また肉や魚のポタージュに限らず、生クリームを加えたり、ベシャメルソースなどとろみのあるソースを加えてなめらかに仕立てることもあります。

具だくさんスープは特殊なポタージュ

フランスで昔から食べられていた素朴な家庭風、田舎風のスープを特殊なポタージュに分類します。こしたり、とろみをつけていないポタージュです。典型的なスタイルは野菜や肉がざくざく入った具だくさんのスープで、スープ・ペイザンヌ（田舎風スープ）と呼ばれます。またポトフーやポテなど煮汁をスープとして供する煮込みも「特殊なポタージュ」に属します。

　また、フランスでは外国の料理がたくさん親しまれていて、こうした外国のポタージュはフランス伝統のポタージュとは一線を画して、「外国のポタージュ」として分類されます。私たち日本人がよく知っている、ロシア料理のボルシチ、イタリアのミネストローネ、アメリカのクラムチャウダー、ポークビーンズなどが含まれます。

スープのだし　Bouillon

フランス料理の煮込みやスープでは、ブイヨンと呼ぶ「だし汁」を用いるのが一般的です。ブイヨンには煮出す素材と用途によっていくつかの種類、呼び名があり、単にブイヨンという場合は鶏がら、牛骨、牛すじ肉、野菜などを煮出したものを指します。このほかクール・ブイヨンという魚介をゆでるときに使う香味野菜の煮出し汁や、ブイヨン・ド・レギュームという野菜のブイヨンもあります。本書ではブイヨンキューブを使ったレシピを紹介していますが、もちろん下記の鶏のブイヨンでもOK。

鶏のブイヨン

Bouillon de volaille
［ブイヨン・ド・ヴォライユ］

鶏でとるブイヨンはくせがなく利用範囲の広いものです。ブイヨン作りでぼくが気をつけているのは、澄んでいること、そしてきちんとうまみが出ていることの2点です。透明なブイヨンにするためには、沸騰したときに出る最初のあくをしっかり取り除くことにつきます。そして、弱火で煮立てないようにしてゆっくり煮出していけばおいしいブイヨンになっていきます。

■材料（でき上がり約1ℓ）
鶏がら ……2羽分
鶏手羽肉 ……6本
塩 ……小さじ½
黒こしょう ……適量
水 ……2.5ℓ

● 鍋　直径22〜25cmくらいの鍋。広口タイプよりも高さのある寸胴タイプのほうがよい。
● 煮込み時間　約70分

1
鶏がらの肺と血合いを取り除く。余分な脂身や皮もとり、水で洗う。

2
鶏がらを骨ごと小さくぶつ切りにする。手羽は手羽先と手羽中を切り離す。

3
鍋に分量の水と2を入れて中火にかける。白く濁ってきたら木べらで肉をそっと動かして、くっついた肉をばらす。決して激しく混ぜない。

4
煮立ってきたら火を弱め、浮いてきたあくがまとまり、固まってくるのを待つ（写真）。5分くらいして、あくを指ですくっても泡がつぶれない状態になったら、レードルですくいとる。湯の表面がゆらゆら揺れるくらいの火加減にして煮出していく。途中で白いあくが出たらときどき取り除く。約1時間たち、半量に煮つまったら味みをする。うまみとゼラチン質が出ていればよい。塩を加える。

5
ペーパータオルを2枚重ねにしてざるに敷き、ボウルにのせる。黒こしょうをペーパーの上にふり、4をレードルで静かにすくって注いでこす。冷蔵庫で3〜4日は保存可能。

鶏のブイヨン コンソメ風

Bouillon de volaille

［ブイヨン・ド・ヴォライユ］

上手にとれたブイヨンは、単にだし汁として使うだけでなく、塩味をつけてそのままコンソメ風のスープに仕立ててもおいしいものです。鶏のエキスが充分に出ていて、元気のもとが体にしみ渡るのを感じるはずです。

■材料（4人分）
鶏のブイヨン ……600cc
塩 ……ひとつまみ

ブイヨンを鍋で温め、味をみて、必要なら塩を加える。
●温めるときには必要以上に煮つめないようにしてください。煮つめると香りがなくなります。
●これをソースに応用するときは煮つめますが、そのときは強火でワーッと一気に煮つめます。魚料理の軽いソースなら、煮つめてオリーブ油を少し落とすだけで簡単に作れます。

リゾット風

Risotto au bouillon de volaille

［リゾット・オー・ブイヨン・ド・ヴォライユ］

ブイヨンを半量まで煮つめた汁は、濃厚なうまみがあるうえに、滋養に富んだものです。これでおじやを作る感覚でご飯を煮れば、お手軽リゾットのでき上がり。ここではバターとクリームでこっくり仕上げましたが、これを省いてさらっと煮れば、消化がよくて栄養があって、夜食やちょっと体調のすぐれないときにもおすすめできます。好みで卵を溶き入れてもよいでしょう。

■材料(2人分)
A［鶏のブイヨン400cc　塩小さじ⅓　生クリーム小さじ1(省く可)］　冷やご飯130g　鶏手羽肉(ブイヨン作りに使ったもの)6本　玉ねぎ10g　無塩バター15g　パルミジャーノチーズ小さじ2　トマト(みじん切り)大さじ2　パセリ(みじん切り)少量

1 鶏手羽肉の皮を取り除き、身をほぐす。玉ねぎをみじん切りにする。
2 鍋にバターを溶かし、玉ねぎを炒める。しんなりしたらAを加え、煮立ったら冷やご飯を加える。再び煮立ってきたらパルミジャーノチーズを加え、ひと混ぜして器に盛りつける。
3 ほぐした肉とトマトをのせ、パセリをふる。

煮込みの世界に流れる基本の心はどれもいっしょ。身近

に豊富にある食材を使って、なるべく仕事の手を加えず、

いかにおいしい料理に仕上げるか。そして大切な人の心

と体を養って、少しでもハッピーに暮らしたい、そう願

う心なのだと思います。それぞれの特徴となる材料の取

り合わせ方や風味づけは、地元の産物を生かした結果。

今回プロとしてこだわったところもありますが、太っ腹

な煮込みの世界では、ささいなことかもしれません。

第3章　受け継がれて

きた各地の煮込み

楽しみ方いろいろ、夏野菜の煮込みニース風

ラタトゥイユ

Ratatouille niçoise

[ラタトゥイユ・ニソワーズ]

鍋にたくさんの野菜をすべて入れてふたをすると、調理人のやるべきことは何もなし。あとはキッチンの神様にまかせて、おいしくなるようにと祈るのみです。一般にはひとつひとつの野菜を油で炒めてから鍋に合わせ、さっと煮上げて野菜を形よく仕上げます。しかしぼくは、ピーマン以外はすべていっしょに鍋に入れてじっくりと煮込んで作ります。こうすると必要以上に油っぽくなりませんし、野菜が煮溶けてなじみ合い、それぞれの野菜だけでは出させない渾然一体となったおいしさが誕生します。ぼくにとっては野菜のジャムのようなイメージなんです。そして、おいしさはぎゅっと詰まっていてほしいけれど、水っぽくてはイメージではありません。かといって汁気がなくなるまで煮ると、野菜がペーストのようになりかねない。そこで煮込みの最終段階では、一度具と汁とを分けて野菜から出た水分だけを煮つめ、再度野菜と合体させます。

■材料（6〜8人分）
なす …… 小7〜8個
ズッキーニ …… 小5本
赤ピーマン（パプリカ） …… 2個
緑ピーマン …… 5〜6個
玉ねぎ …… 大2個
トマト（水煮缶詰） …… 1缶
にんにく …… 4かけ
ピュアオリーブ油 …… 80cc
赤唐辛子（好みで） …… 1/2本
塩 …… 適量

●鍋　直径25cmぐらいの厚手鍋と小鍋
●代用いろいろ　トマトの水煮→生トマトでももちろんよい。皮を湯むき（P.110参照）して、種を取り除いて使う。
●でき上がり量はやや多めですが、冷蔵庫保存で3〜4日はおいしく食べられる。
●煮込み時間　約1時間

1：1：1：1：1：0.1

ラタトゥイユで使う野菜のおいしい比率は、それぞれが同じボリューム感であること。作りたい量やお手持ちの鍋に合わせて、材料表のとおりでなくても気楽に全体量を調整してください。

こんなふうに楽しんで

温かくても、冷たくてもおいしいので、そのときの気分に合わせてどうぞ。そしてできたてもいいけれど、この料理は時間とともにおいしさが変化していくので、それを楽しんでもよいのでは？ぼくは少しおいたほうが好きなくらいです。南仏の料理なので、おもてなしに出すならこれをサイドディッシュにして、いわしのプロヴァンス風などをメインにすると南仏風の献立になります。

1 赤ピーマンをまるごと強火のじか火で皮を真っ黒に焼く。すぐに水にとって焦げた皮をむき、種を取り除いて乱切りにする。緑ピーマンも種を取り除き、同じ大きさの乱切りにする。

2 トマトを縦に切り開いて中の種を取り除き、汁に戻しておく。玉ねぎは2cm幅のくし形に切る。にんにくは縦半分に切り、芽を取り除いて薄切りにする。

ラタトゥイユの作り方

3 なすは縦縞になるように皮を適宜む
いてから1cm幅の輪切りにする。ズ
ッキーニはへたを切り落とし1cm幅
の輪切りにする。別々にざるに入れ、
それぞれに塩を小さじ½ずつふり混
ぜて少しおき、あくと水気を浮かせる。

4 鍋にオリーブ油70cc、にんにく、玉
ねぎ、赤唐辛子を入れて中火にかけ
る。木べらで混ぜながら、玉ねぎが
しんなりして透明感が出てくるまで
焦がさないように炒める。塩約小さ
じ1でそのまま食べておいしい味をつ
ける。

5 なすとズッキーニを塩をつけたまま
鍋に加えて、ざっと炒め合わせる。

6 トマトを手で粗くつぶし、缶汁とと
もに加える。赤ピーマンも加え、ざ
っと混ぜ合わせ、ふたをして弱火に
する。

7 フライパンにオリーブ油10ccを温め、
強火で緑ピーマンを炒める。軽く焼
き色がついたら、塩小さじ⅓をふって
混ぜ、**6**の鍋に加える。ふたをしてさ
らに煮る。むやみに混ぜない。

8 ズッキーニをつまんで、簡単につぶ
れる柔らかさになったら火を止める。

9 大きなボウルにざるをのせ、ラタト
ゥイユをあける。ざるでこされた煮
汁だけを小鍋に入れて弱火にかけ、
とろみがつくまで煮つめる。

10 野菜を鍋に戻し、煮つめた煮汁を加
え、全体を大きく混ぜ返す。ざっと
からまればでき上がり。

作った翌日も、
さらにその翌日もおいしい
シェフのお気に入り
簡単リメイク

リメイク1　パスタのソースにする
ラタトゥイユで
冷製パスタ

Spaghetti froid à la niçoise

［スパゲッティ・フロワ・ア・ラ・ニソワーズ］

店のまかないとして、忙しいときに
パッと作って食べているスタイルで
す。パスタのソースにするためには、
塩とタバスコ、にんにくを少し加え
て味を引き締めます。そのままでは
ちょっとパンチがたりないので。

■材料(4人分)
ラタトゥイユ……300g
スパゲッティ(細め)……300g
おろしにんにく……大さじ¼
ピュアオリーブ油……大さじ1
タバスコ……少々
塩……少々
パルミジャーノチーズ……適量

1 鍋にたっぷりの湯を沸かす。湯の
1.4％の塩を加えて、スパゲッティを
ゆでる。
2 スパゲッティを表示の時間よりや
や長めにゆで、すぐに冷水にとって
冷まし、水気をきってボウルに移す。
3 おろしにんにく、オリーブ油、冷
たいラタトゥイユ、塩少量を加えて
あえる。味をみてタバスコを加える。
器に盛りつけ、好みでパルミジャー
ノチーズをふる。

リメイク2
野菜の濃厚な甘さを引き立たせて
ラタトゥイユで
グラタン

Gratin de ratatouille

［グラタン・ド・ラタトゥイユ］

グラタンはもともと前日の残りもの
を再利用する料理です。ラタトゥイ
ユは作ったその日よりも2～3日たっ
たほうが野菜の甘みが出ておいしい
ように思います。塩味の強いチーズ
をきかせて焼くと、いっそう甘みが
際立ちます。

■材料(直径15cmのグラタン皿1枚分)
ラタトゥイユ……200g
ソース・ベシャメル(ホワイトソース)
　(作り方P.113)……180g
パルミジャーノチーズ……適量

1 チーズ入りのホワイトソース「ソー
ス・モルネー」を作る。ソース・ベシャ
メルを小鍋に入れ、パルミジャーノチー
ズ大さじ山盛り1を加えて煮溶かす。
2 グラタン皿にラタトゥイユを入
れ、**1**のソースをかけ、好みでパルミ
ジャーノチーズをふる。200℃のオー
ブンで10分、またはオーブントース
ターで上に焼き色がつくまで焼く。

クスクス

Couscous
［クスクス］

もともと地中海に面した北アフリカ諸国の料理ですが、フランスでも庶民的な料理として、とてもポピュラーなメニューになっています。特徴的な黄色い粒々は、硬質小麦を粗挽きにしたもので、スムールといいます。そして、おもにクスクス料理に使われることから、スムール自体がクスクスの名で売られることも多いようです。特有の麦の風味がするので苦手なかたもいるようですが、ここで紹介するシチューのスープで蒸らす方法ならきっとおいしく食べてもらえると思います。また、ラム肉は塩でしっかり下味をつけてきちんと焼くと、香りも味もぐんとよくなって、この料理に欠かせない存在であることを感じてもらえることでしょう。これまでは苦手だった人も、このクスクスはぜひラムで作ってみてください。

■材料(4人分)
鶏もも骨つき肉……2本(400g)
ラム骨つきばら肉……4本(400g)
かぶ……4個
かぼちゃ……1/4個
赤ピーマン(パプリカ)……1個
玉ねぎ……大1/4個
にんじん……2本
ズッキーニ……小4本
トマト……3個
サフラン……3つまみ
鶏がらスープの素(顆粒)……小さじ2
黒こしょう……少量
スムール(クスクス)……240g
無塩バター……30g
ピュアオリーブ油……大さじ1強
塩、水……各適量
アリッサ(作り方はP.91。食卓調味料としても使う)……適量

● 代用いろいろ　ラム骨つきばら肉→骨つきでなくてもよい。
● 鍋　直径25cmぐらいの大きな厚手鍋と小鍋。本来クスクスは、クスクシェという特別な鍋で作るが、ここでは家庭のキッチンにある道具で手軽に作る。
● スムール　インスタントタイプで、粒サイズがミディアムのものを購入する。大抵はクスクスの名で売られている。
● アリッサ　シチューを煮始める前にP.91を参照して作っておく。市販品でもよい。
● 煮込み時間　約70分

1

鶏もも肉を関節で2つに切り分ける(P.110参照)。塩小さじ1/2をふってもみ込む。ラム肉にも塩小さじ1/2をもみ込む。いずれもそのまま30分おく。

2

トマトは皮を湯むきし(P.110参照)、横半分に切り、種を取り除く。赤ピーマンは強火のじか火で皮をまっ黒に焼き、水にとって皮を手でこそげ落とす。縦4つに切り、種を取り除く。

3

ズッキーニはへたを落とし、縦半分に切る(大きい場合は、適宜縦に薄く切る)。全体に小さじ1/3の塩をふる。

4

かぶは上下を切り落とし、縦半分に切り、面取りする。にんじんは皮をむき、縦4つに切る。玉ねぎは大きめのくし形に切る。かぼちゃは皮をむき、種を取り除き、薄めのくし形に切る。

こんなふうに楽しんで

クスクスはボリュームがあって栄養バランスがよく、この一皿があれば充分に食事として満足してもらえると思います。カレーライスのようにスムールとシチューをいっしょに盛りつけてもよいのですが、各自のお皿にはスムールとシチューの具だけを盛りつけて、シチューのスープを別にして出すのはどうでしょう。各自でスープをスムールにかけながら食べてもらうわけです。スムールはスープを吸うとぐんぐんふやけてくるので、各人のおなかの具合と食べるペースに合わせて楽しんでもらえればと思うのです。

5
フライパンにオリーブ油を熱し、鶏肉を身のほうを下にして入れて焼く。両面を写真のようにこんがりと焼いたら取り出し（フライパンは洗わない）、ラム肉を入れ、同様にこんがり焼く。

6
鍋に水2ℓを注ぎ、鶏がらスープの素を加えて煮立てる。煮立ったところで**5**の鶏肉、ラム肉を入れ、弱火でふたをしないで煮る。煮汁が減ったら、その分水を適宜たす。

7
10分ほどしたら、玉ねぎ、サフランを加える。サフランは贅沢に使ったほうがおいしい。さらに10分ほどして鶏肉が柔らかく煮えたら、バットに取り出す。スープの味をみながら塩小さじ⅔を加えて味をととのえる。

8
アリッサ小さじ2、にんじん、かぶを加え、さらに弱火で煮る。鍋の中はむやみに混ぜず、ふたはしない。

9
シチューを煮ている間にスムールの準備をする。小鍋にバターを入れ、**8**のスープ250ccをとって加えてバターを溶かす。スムールをボウルに入れ、バターを溶かしたスープを注ぎ、皿などでふたをして15分蒸らす。

10
スムールが完全に汁気を吸ったらバットに広げ、手でほぐす。味をみて、塩を小さじ⅓ほど加えておいしい塩加減にととのえる。食べるときにはレンジで温め直す。

11
シチューを煮ている間に、その煮汁400ccを小鍋にとり、そこでかぼちゃをゆでる。竹串を刺してすっと通るようになったら火を止める。

シチューにズッキーニを加え、ひた
ひたになるまで水を加えて弱火で煮
る。これ以降は煮汁が減っても水を
たさない。

ズッキーニが柔らかくなったら、赤
ピーマンを加え、トマトを手でつぶ
しながら入れ、黒こしょうをふる。
さらに煮て、トマトが煮溶けて煮汁
になじんだら、取り出しておいた鶏
肉とそこからしみ出た肉汁を加え、
肉を温める。

すぐに食べるなら スムールをレン
ジで温めて、皿に盛り、肉と野菜を
添える。別ゆでしたかぼちゃもいっ
しょに盛る。シチューの煮汁は別に
ボウルに入れて出す。

あとで食べるなら かぼちゃとシ
チューの野菜を煮汁から出しておく。
食べるときに、シチューを温め、か
ぼちゃと取り出した野菜をレンジで
温め直す(鍋で温めると煮くずれてし
まうため)。スムールもレンジで温め
直し、肉、野菜とともに盛りつける。
あつあつにしたシチューの煮汁をス
ープとして別盛りにして出す。

クスクス用の辛み調味料　アリッサ

北アフリカのスパイシーな調味料で、クスクスには欠か
せません。ここではぼく流の簡単な作り方を紹介します。
オリーブ油に香辛料を入れて加熱して、辛みと香りを移
します。密閉容器に入れておけば、かなり長期間、風味
を保つことができます。クスクスだけでなく、焼き肉や
揚げものにもどうぞ。エキゾチックな一皿に変身します。

■材料
ピュアオリーブ油……120cc
赤唐辛子……3本
キャラウェイシード……小さじ1
クミンシード……小さじ$\frac{1}{2}$
にんにく……2かけ

1 赤唐辛子を水に浸す。柔らかくな
ったら半分に切って種を取り出し、
細かく刻む。にんにくはすりおろす。

2 冷たいオリーブ油に赤唐辛子とキ
ャラウェイ、クミンを入れてとろ火
にかける。

3 香りが出てきたら、にんにくを加
えて強火にして混ぜ、水少々(分量外)
を加える(写真)。ぱちぱちという音
が小さくなったら別容器に移す。

アリッサの市販品に
はチューブ入りタイ
プも。赤唐辛子色を
していてペースト状。

91

先に肉に充分な下味をつけて、ゆっくりじっくり煮込むのがコツ

ロールキャベツ

Chou farci

［シュー・ファルシ］

ロールキャベツはひき肉を使いますが、これもれっきとした煮込み料
理です。よく煮込むことで肉はしっとりと柔らかくなり、キャベツは
肉のうまみを含んでおいしくなります。どうもおいしくできないとい
うケースは、たいてい煮込み不足が原因だと思われます。ひき肉は火
の通りは早いので、さっと煮ればよい気がしますが、やはり堅い部位
の肉ですから、煮込まないと本当のおいしさは出てきません。煮てい
る間に一度は肉のうまみが煮汁に出ますが、さらに煮るうちにそのう
まみが肉に戻り、ふんわりとしておいしくなってきます。また、煮る
前に肉にしっかり下味をつける煮込みの鉄則は、ひき肉でも同じで
す。そのため煮汁に強い味は必要なく、水だけでも充分です。

■材料(4人分)
キャベツの葉 ……12〜14枚
牛ひき肉 ……400g
A ┌ 玉ねぎ ……1個(180g)
　├ にんじん ……½本(100g)
　└ セロリ ……½本(25g)
無塩バター ……40g
ブイヨンキューブ ……1個
鶏がらスープの素(顆粒) ……小さじ½
B ┌ トマトケチャップ ……15g
　├ 塩 ……小さじ⅔
　└ 黒こしょう ……適宜

● 代用いろいろ　牛ひき肉→合いびき肉、鶏ひき肉で作ってもそれなりのおいしさに。
● 煮込み鍋　ロールキャベツを隙間なくきっきつに詰められるサイズの厚手鍋
● 煮込み時間　2時間

1 材料Aをすべて細かいみじん切りにする。鍋にバターを熱し、溶け始めたらAを加え、弱火で焦がさないように混ぜながら炒める。しんなりしてきたらブイヨンキューブを砕いて、鶏がらスープの素とともに加える。玉ねぎの甘みが出るまで炒め、バットに広げて冷ます。

2 たっぷりの湯を沸かし、塩をひとつかみ(分量外)加える。キャベツの葉をはがして熱湯に入れ、くったっとしてきたらすぐに冷水にとる(ゆですぎを防ぐため)。冷めたら軸の太い部分を包丁でそいで厚みを平均にする。

3 ひき肉をボウルに入れて手でよく練り混ぜ、粘り気が出てきたら、1の冷ました野菜を加えて練り混ぜる。Bの調味料を加えてさらによく混ぜ合わせる。8等分(約50g)にして俵形にまとめる。

4 2のキャベツを広げ、3の肉を包む。破れのある葉には別の葉を適当な大きさにちぎって当てて巻くようにする。最初のひと巻きをぎゅっときつく締めるのがポイント。そのあと左右を折りたたみ、くるくると巻く。

5 ロールキャベツを隙間なくきっちり詰められるサイズの鍋に、きつきつに詰める(きつく詰めないと巻きがゆるんでしまう)。水をひたひたに加えて弱火にかけ、沸いたらごくとろ火にして、ふたをして煮る。焦げつくといけないので、途中で中の様子を見て、必要なら水をたしながら煮る。2時間煮ればでき上がり。

93

いつもの鶏もも肉が身近な材料でごちそうに

鶏肉の煮込み バスク風

Poulet à la basquaise
［プーレ・ア・ラ・バスケーズ］

バスク地方はフランス南西部からピレネー山脈を越えてスペインに至るあたり。フランスともスペインとも異なる独特の言語や文化を持った地域で、料理ではにんにく、トマト、ピーマンをふんだんに使うのが特色です。ぼくは見習いだったころにこの料理に出会い、バスクという土地になぜか親近感を持ちました。たっぷりの野菜が煮溶けてそのままソースになった、素朴な姿に魅了されたのかもしれません。肉を煮込むときにはこの料理に限らず、あらかじめしっかりと下味をつけます。意外かもしれませんが、肉は鍋の中で煮ているときには味がしみ込みません。ですから煮る前に塩をもみ込んで少しおき、しっかりと中まで味をつけておくことが大事なのです。内部にまで味がしみていれば煮込んでも味は抜けません。

■材料(4人分)

鶏もも骨つき肉 ……4本(約800g)

玉ねぎ ……1個(150g)

緑ピーマン ……4個

赤ピーマン(パプリカ) ……1個

トマト(水煮缶詰) ……200g

にんにく ……2〜3かけ(18g)

ピュアオリーブ油 ……大さじ2

白ワイン ……150cc

鶏がらスープの素(顆粒) ……小さじ½

黒こしょう ……少々

塩 ……小さじ1強

● 煮込み鍋　鶏もも肉がひと並べできる厚手鍋
● 代用いろいろ　トマト→生でもかまいません。その場合は皮を湯むきして(P.110参照)、種を取り除き、ざっとつぶしてから加える。
● 煮込み時間　約5分

こんなふうに楽しんで

白いご飯のおかずにもよいですし、パスタを盛り合わせていっしょに食べてもよいでしょう。野菜たっぷりのソースはケチャップにも似た甘みがあるので、たとえピーマンが入っていても、子供にも喜んでもらえる味だと思います。

鶏もも肉を関節で2つに切り分ける。関節近くにある脂肪の筋を目安に、その少し足先寄りを切るとすぱっと切れる。塩を全体にふり、手でもみ込む。そのまま30分おいて味をしみ込ませる。

玉ねぎ、赤ピーマン、緑ピーマンをすべて小さな細切りにする。にんにくはみじん切りにする。トマトの水煮はざるを通して裏ごしして種を取り除き、粗いピュレ状にしておく。

鍋にオリーブ油を熱し、1の鶏もも肉を焼く。写真のような濃い焼き色がついたらバットに取り出す。鍋の油脂だけを捨てる(洗わない)。

3の鍋に玉ねぎ、にんにくを入れて弱火で炒める。色をつけないように木べらで混ぜながら、玉ねぎに甘みが出るまで炒める。

赤、緑のピーマンを加えてさっと炒め合わせ、白ワインと鶏がらスープの素も加える。ワインが蒸発して、野菜にひたひたになるまで弱火で煮る。

焼いた肉をしみ出た肉汁といっしょに鍋に戻し、トマトの粗ごしを加え、ふたをして5分ほど弱火で煮る。もし5分ほど煮て、まだ煮汁が水っぽいようなら鶏肉を再度取り出して、煮汁だけを煮つめる。写真のようなとろみがつけばよい。最後に黒こしょうをふってでき上がり。

温め直すとき　水を少したしてから弱火でゆっくり温める。

アルザスで働いていたときに
覚えた本場の味です

シュークルート
Choucroute
[シュークルート]

シュークルートはキャベツを塩漬け発酵させた、いわばキャベツのお漬けもの。そして、これを塩漬け豚肉と煮た料理も同じくシュークルートの名で呼ばれます。シュークルートは酸味がありますので、さっと洗ってから使いますが、この料理はほどよい酸味がきいていてこそおいしいものです。抜きすぎは味がぼやけるので要注意です。

こんなふうに楽しんで

大皿に盛ってみんなで取り分けて食べるのがアルザス流。そして盛りつけは「ドーム状に!」と、こんもり山高に盛るように教わりました。

■材料(4人分)
シュークルート(瓶詰。下記参照) ……700g
豚ばら肉の塩漬け(作り方P.41) ……300g
ベーコン(かたまり) ……220g
ストラスブールソーセージ ……120g
じゃがいも ……小4個
白ワイン(辛口) ……300cc
玉ねぎ ……1個(170g)
ラード ……大さじ4
鶏がらスープの素(顆粒) ……小さじ1
ねずの実(ジュニパーベリー) ……10粒
クローブ ……2本
マスタード(食卓用) ……適量

●代用いろいろ　ソーセージ→好みのソーセージでかまわない。
ラード→P.102のコンフィの脂を使うと一段とおいしくなる。普通のサラダ油でもよい。
●鍋　直径22cmぐらいの厚手鍋
●煮込み時間　約1時間20分
●シュークルート　本来はアルザス産のものを使いたいが、日本ではそれとほぼ同じドイツ産のザワークラウトで代用を。スパイス入りは香りが強く、シュークルート作りには不向き。

1 玉ねぎを繊維にそってごく薄く切る。シュークルートは流水で軽くもみ洗いして酸味をとり(商品によって酸味が異なるので必ず味みを)、しっかりと水気を絞る。じゃがいもは皮つきのまま別ゆでする。ソーセージに竹串で数十か所の穴をあけておく。

2 鍋にラードを熱し、玉ねぎをしんなりするまで色づけずに炒める。甘みが出たらシュークルートを加え、ほぐしながらしっかり炒め合わせる。

3 むらなく混ざったらシュークルートと玉ねぎを周囲に寄せ、中央に豚ばら肉の塩漬けとベーコンをかたまりのまま埋める。ねずの実とクローブ、白ワイン、鶏がらスープの素、水100cc(分量外)を加え、ふたをしてとろ火で煮る。

4 1時間ほど煮たらソーセージを加え、ふたをしてさらに15分とろ火で煮る。

5 時間になったらふたをはずして煮て、汁気がほとんどなくなったらでき上がり。肉、じゃがいもは適宜切って盛りつける。マスタードを添える。

■材料(4人分)

鶏もも骨つき肉 …… 4本(約800g)

にんにく …… 1個(球のまま)

　　(苦手なら減らしてもよい)

白ワインヴィネガー …… 100cc

トマト …… 4個

ピュアオリーブ油 …… 大さじ2

鶏がらスープの素(顆粒) …… 小さじ½

黒こしょう …… 少々

塩 …… 小さじ1強

つけ合わせ

レンズ豆のブレゼ(作り方はP.56)

● 代用いろいろ　トマト→トマトペーストなら大さじ1。その場合は4で鶏がらスープの素を直接鍋に加えず、水200ccで溶いて加える。生よりも色よく仕上がる。

● 鍋　直径22cmぐらいの厚手鍋

● 煮る時間　約20分

1　鶏もも肉を関節で2つに切り分ける(P.110参照)。塩をふってもみ込み、そのまま30分ほどおく。

2　にんにくを小房に分ける(皮はつけたまま)。トマトは皮を湯むきする(P.110参照)。

3　鍋にオリーブ油を熱し、鶏もも肉を焼く。両面にこんがり焼き色がついたら、にんにくを加えて弱火にし、ふたをして5分ほど蒸し焼きにする(写真a)。

4　よい香りがしてきたら白ワインヴィネガーを加え、強火にしてつんとする酸味をとばす。汁気が半量になったらトマトを手でにぎりつぶしながら加え、鶏がらスープの素も加える。さらに弱火で煮る。

5　鶏肉に完全に火が通ったら一度取り出す。煮汁を目の細かいざるにあけ、スプーンでにんにくを押しつぶしながらこす(写真b)。こした汁を小鍋に入れ、中火にかけて煮つめる。とろみがついたら(写真c)、黒こしょうをふって仕上げる。鶏肉を皿に盛りつけてソースをかける。レンズ豆のつけ合わせを添えてもよい。

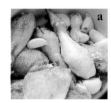  

a　b　c

シンプル仕立てでも優美さを放つ本格レストランの味

鶏肉の煮込みヴィネガー風味

Cuisses de poulet au vinaigre

[キュイッス・ド・プーレ・オー・ヴィネーグル]

この料理が水を1滴も加えずにワインヴィネガーの汁気だけで作ると知ったときは本当に驚きました。ソースは煮汁をこして、さっと煮つめただけなのですが、切れ味のよい豊かな風味があって、じつにおいしいのです。フランス料理のソースというと、手間ばかりかかる感じがしますが、煮汁から作るソースは簡単でありながらおいしい。これは元来リヨン周辺の地方料理だったものです。

こんなふうに楽しんで

おいしいソースがあるので、ぜひバゲットを添えて存分にお楽しみを。

パプリカ風味で味わう
ハンガリー風ビーフシチュー

グーラッシュ

Goulache

［グーラッシュ］

パプリカをたっぷり使うこの料理は、パプリカをどのタイミングで加えるかがひとつのポイント。それはパプリカが焦げやすく、けれども香りを出すためにきちんと炒める必要があるからです。そこで肉や野菜を炒め終えたところに加えて、高温にならないように炒めて香りを立たせるようにします。

こんなふうに楽しんで

「田舎風」の感じがこの料理のよいところ。たとえばパスタをたっぷり添えて食事にしてもよいのでは。

■材料(4人分)

牛もも肉(かたまり) ……650g
玉ねぎ ……1½個(270g)
トマト(水煮缶詰) ……200g
じゃがいも ……1個(150g)
にんにく(みじん切り) ……小2かけ分
パプリカ(スパイス) ……小さじ2
黒こしょう ……少量
ピュアオリーブ油 ……大さじ2
無塩バター ……適量
塩、水 ……各適量
つけ合わせ
パスタ(チフリ・リガーティなど)
　　……50g
パセリ(みじん切り) ……適量

● 代用いろいろ　パスタ→マカロニ、ペンネなどショートパスタならお好きなものでよい。好みで赤ピーマンなどを加えてもおいしい。
● 鍋　肉を焼くときにひと並べにできる大きさの鍋が理想。圧力鍋でもよいが、その場合は、肉をフライパンで別に焼き、玉ねぎとにんにくも炒めてからすべて圧力鍋に移して煮る。
● 煮込み時間　約2時間。圧力鍋では30分

1　牛肉を5cm角に切り、塩小さじ1強をふってもみ込み、30分おく。
2　玉ねぎを薄切り、じゃがいもを乱切りにする。トマトは種を取る。
3　鍋にオリーブ油をひき、牛肉をしっかり焼き色がつくまで焼く。
4　肉を取り出し、バター30gをたし、玉ねぎ、にんにくを炒める。
5　にんにくに火が通ったら肉を鍋に戻し、パプリカを入れ、全体にからめる(写真a)。トマトの身と缶の汁を加え、木べらで軽くつぶす。水1ℓを加え、ふたをしないで煮る(弱火)。水が減ったら適宜水をたす。
6　フライパンにバター5gを入れ、じゃがいもをきつね色に炒める。
7　大きめの鍋に塩分1.4%のたっぷりの湯を沸かし、パスタをゆでる。パセリのみじん切りをまぶしておく。
8　肉が柔らかくなったら再度取り出し、6のじゃがいもを加えて煮る(写真b)。煮えたら肉を戻し、黒こしょうをふる。器に盛り、7のパスタを添える。

野菜たっぷりの羊肉の煮込み。素朴な田舎風料理です

ナヴァラン

Navarin d'agneau

［ナヴァラン・ダニョー］

ナヴァランは、羊肉とかぶを取り合わせて煮込むのが一般的。フランスのかぶは肉質がしまっているので、少々煮込むくらいでは煮くずれしません。でも、日本のかぶは少し煮るだけでとろとろに。ぼくは日本のかぶで作っても、歯ごたえと味わいを残したいので、かぶは肉とは別に八分通り火を通してから、煮込みの後半に鍋に加えるようにしています。

こんなふうに楽しんで

いつもの白いご飯の食卓にも無理なく合うと思います。フレンチスタイルにこだわるならバゲットをガーリックトーストにしてどうぞ。

■材料(4人分)

ラム肩肉(かたまり)……700g
かぶ……4個(400g)
玉ねぎ……1½個(270g)
にんじん……細め2本(250g)
じゃがいも……小2個(200g)
トマト(水煮缶詰)……200g
オクラ(彩り用)……5〜6本
パセリ(みじん切り)……少量
にんにく……3かけ
強力粉……小さじ2
ピュアオリーブ油……適量
無塩バター……適量
塩、水……各適量

● 代用いろいろ　ラム肉→牛肉でも可。しかし、うまみはラム肉のほうが一枚上。
にんじん→なくてもよい。
オクラ→絹さや、アスパラガスなど彩りになる緑色の野菜なら何でもよい。
● 鍋　直径24cmぐらいの厚手鍋
● 煮込み時間　約2時間

1 ラム肉を4〜5cm角に切り、塩小さじ1強をふってもみ込み、30分おく。
2 玉ねぎ、かぶは大きめのくし形、にんじん、じゃがいもは乱切りにする。トマトは種を取り除く。にんにくは薄皮をむく。
3 鍋にオリーブ油大さじ3を入れ、ラム肉をしっかり色がつくまで焼く。
4 肉を取り出し、バター20gをたし、玉ねぎを入れる。ひと混ぜし、にんじんとにんにくを加える。甘みが出るまで混ぜながら炒める。
5 肉を戻し(写真a)、強力粉をふり入れ(写真b)、鍋底に写真cのようなこびりつきが少しできるまで炒め合

わせる。
6 トマトの身と汁を加え、水1ℓを注ぐ。弱火でふたをして煮る。
7 フライパンにオリーブ油大さじ2を入れ、かぶを炒める。肉がほぼ柔らかくなったら6の鍋に加えて煮る。
8 フライパンにバター15gを熱し、じゃがいもを芯に火が通るまで炒め、塩ひとつまみをふる。
9 オクラに塩をふって板ずりし、熱湯でさっとゆでる。
10 6の肉が柔らかく煮えたら器に盛り、じゃがいも、オクラを添え、パセリのみじん切りをふる。

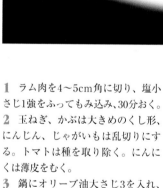

最後にコンフィを入れるクラシックな煮込み

ガルビュール

Garbure

[ガルビュール]

ポトフーやポテ(P.40)のように、肉と野菜に水を加えて煮るだけの料理がフランス各地にあります。ガルビュールはそのベアルヌ地方のスタイルといってもよいでしょう。シンプルな調理と素朴な見た目からは、暮らしに密着したフランス料理の昔の姿が偲ばれます。豚肉の塩漬けと野菜に加えて、がちょうのコンフィを使うのがガルビュールの特徴ですが、ここでは代わりに鶏肉のコンフィを使いました。調理に油脂を使わないため、そのぶんコンフィという脂肪に漬け込んだ肉を加えてこくをつけることが、とても重要です。

■材料(4人分)
豚肉の塩漬け(作り方はP.41)……350g
鶏肉のコンフィ(作り方はP.102)
　　　……2本
キャベツ……200g
そら豆(冷凍)……120g
じゃがいも……1個
かぶ……2個
A ┌にんじん……細め1本
　│玉ねぎ……1個
　│ポロねぎ……80g
　│にんにく……大1かけ
　└粒黒こしょう……6粒
塩、水……各適量

● 代用いろいろ　キャベツ以外の野菜は、な
ければ省いてもよいし、身近な野菜に置き換
えてもかまわない。
● 鍋　圧力鍋もしくは直径20cmぐらいの厚
手鍋
● 煮込み時間　圧力鍋で80分。普通の鍋なら
約100分

Memo
野菜の切り方は、小さく切りそろえ
なくてもかまいません。ごろごろし
た大きな野菜を煮てもガルビュール
らしいと思います。

1 豚肉の塩漬けを2つに切り分ける。圧
力鍋に水1.5ℓと豚肉を入れ、ふたを
して弱火にかける。圧力がかかって
から30分ほど煮る。普通の鍋なら弱
火で60分くらいかけて柔らかく煮る。

2 煮ている間に、じゃがいも、にんじ
ん、かぶ、玉ねぎ、ポロねぎをすべ
て1〜1.5cm四方の薄切りにする。に
んにくはみじん切りに、キャベツは
細切りにする。

3 **1**が煮えたら材料Aを加え、ふたを開
けたまま弱火で煮る。野菜が煮汁か
ら出ていたら、ひたひたまで水をた
す。10分ほどしたらかぶを加え、さ
らに5分煮てキャベツを加える。その
10分後にじゃがいもと冷凍のそら豆
を加えて5分ほど煮る。

4 鶏肉のコンフィの脂をぬぐいとって
から鍋に加え、温める。味が薄いよ
うなら塩少量を加えて味をととのえ
る。肉は適宜カットして盛りつける。

こんなふうに楽しんで

一皿の中にお肉が2種類に、野菜がた
っぷり入っていますから、これだけ
で味覚もボリュームも充分に満足し
てもらえると思います。でも、もし
前菜を用意するなら、トマトサラダ
などフレッシュ感のあるものがよい
でしょう。ガルビュールの伝統的な
食べ方としては、いっしょに煮込ん
だ豚肉を一部取り出してほぐし、ト
ーストしたバゲットにのせます。こ
れをスープ皿に盛って食卓に出し、
そこにガルビュールを煮汁とともに
かけていただきます(写真右)。

コンフィという煮込み

Confit

［コンフィ］

1

前日に、鶏もも肉に塩をふり、手でよくもみ込む。バットにのせて冷蔵庫に入れておく。臭みのある水分を抜きつつ塩をなじませる。

低温の油脂で煮る、フレンチの調理法

フランスの伝統的な保存食です。低い温度の脂で肉をじっくり柔らかく煮込んだ料理で、そのまま脂に漬けて保存します。脂で煮ると肉の余分な脂が抜けて、意外なほどあっさりした味に仕上がります。動物性油脂のうまみを生かしたフランスらしいすばらしい煮込み料理で、とくにフォワグラをとったあとの鴨のもも肉を、鴨の脂で煮たコンフィは本当においしいものです。コンフィは長期保存ができ、長く保存したものには熟成したうまみがあり、ローストすると独特の味を醸し出します。

2

ラードとサラダ油を大きな鍋に入れ、80℃に温める（きちんと温度計で鍋の中央を計る）。1のもも肉を洗わずに入れ、火をつけたり消したりして80℃を維持したまま1時間半煮る。ふたはしない。

鶏肉のコンフィ

Confit de cuisses de poulet

［コンフィ・ド・キュイッス・ド・プーレ］

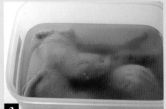

■材料(4人分)
鶏もも骨つき肉 ……6本
ラード ……1ℓ
サラダ油 ……500cc
塩 ……10g

●**代用いろいろ**　鶏肉→鴨肉ならもっと美味。ラード→鴨の脂を使うのが本来の作り方。サラダ油→ラードに対して1:1まで増やせる。
●**鍋**　直径25cmぐらいの鍋
●**煮込み時間**　1時間半
●**保存容器**　ふたができるもの
●使った油脂は、再度コンフィ作りに使える。塩気がきつくなりすぎるまでは何回でもOK。

80℃の脂で1時間以上かけてゆっくり煮るのがこの料理の最大のポイント。「揚げ」ではないので、肉を縮めずに、しっとり柔らかく煮ることができます。必ず動物の脂を使います。

3

火を消して粗熱をとり、さわれるぐらいに冷めたら密閉容器に鶏肉を移す。鍋の中の上澄みの油脂だけをそっと玉杓子ですくって鶏肉がかぶるまで注ぎ入れる。油脂の下層の肉汁は別容器に移す。いずれも冷蔵庫へ。
●ぼくは安全性を考えて、コンフィは1か月を限度に使いきるようにしています。

コンフィ作りのおいしくて大事な副産物
「油脂」と「ジュ(肉汁)」

コンフィを作ったあとに残る油脂、そしてその油脂の下にたまっている鶏のジュ(肉汁)はとてもおいしい調味料になります。捨てずに、いろいろな料理に大いに利用します。

油脂はうまみ入りバター

煮るのに使った油脂は使いまわしができ、使うたびにおいしくなります。しかし塩分も強くなるので、鶏肉への下味は少しずつ控えめにしていきます。ぼくの経験では使用回数にもよりますが1年ぐらいは使えます。またこの油脂は鶏肉や野菜のソテーに使うと、サラダ油よりずっとうまみのある仕上がりに。バターのように気軽に使ってみてください。

ジュはうまみの素

肉汁のことをフレンチではジュ(jus)といいます。このおいしいエキスは、冷蔵するとゼリー状に固まり、熱すると溶けます。たとえば鶏ローストの味つけや、魚介のソテーの味つけにかけたりしますし、ソースの味を深めたいときなどに加えたりします。ジュは塩味があるので、使うときは料理の塩分を控えめにします。

煮た油脂をとったあと、鍋に残ったのがおいしいジュ(肉汁)。料理に活用します。

コンフィを使った定番メニュー
ロースト仕立て
Confit de cuisses de poulet
[コンフィ・ド・キュイッス・ド・プーレ]

コンフィはローストにして食べるのがもっとも一般的。生の鶏肉をソテーするよりも皮がパリッと焼き上がって肉はしっとり。脂で煮て、さらに脂に漬けた鶏肉と聞くと、脂っこい料理をイメージしがちですが、鶏肉は水やワインで煮るほうが、脂が溶けずに残るものです。逆に脂は脂にとてもよく溶けますから、コンフィにするほうがかえってあっさりいただけます。

a

b

■材料(4人分)
鶏もも肉のコンフィ ……4本
コンフィの油脂とジュ ……各適量
つけ合わせ
じゃがいも ……2~3個(400g)
A ┌無塩バター、パセリ(みじん切り)、
　│にんにく(みじん切り) ……各適量
　└塩 ……ひとつまみ
黒こしょう ……少量

1 じゃがいもを皮つきのまま乱切りにし、コンフィを漬けた油脂で揚げる。中まで火が通ったらじゃがいもをフライパンに移し、Aを加えてさっと炒め合わせ、黒こしょうをふる。
2 コンフィの鶏肉についている油脂をぬぐいとる。
3 フライパンを熱して、コンフィを皮目を下にして入れ(写真a)、皮にしっかりと焼き色がつくまで焼く。身のほうはさっとあぶる程度に焼く。
4 器に**1**と**3**を盛りつける。コンフィのジュをレンジで溶かして、ソースとして鶏肉にかける(写真b)。

Advice この料理にはじゃがいものスープなどが合いますが、つけ合わせをじゃがいもにしたときは、とうもろこしのポタージュなどを添えてはどうでしょう。ビストロの定食のような感じですね。

フルーツを甘く煮た保存食がコンポート。フランスのフルーツの楽しみ方のひとつで、生とは違った味わいが楽しめます。またプラムなどのドライフルーツは、煮ることで柔らかく食べやすくもなります。しかし日本でフルーツというとフレッシュ感が大切。そのためぼくはコンポートといっても長くは煮ません。歯ごたえやみずみずしさを残すため、甘く風味のよい煮汁に漬け込む程度にしています。

C コンポート
ompotes （コンポート）

桃とプラムのコンポート

Compote de pêche et pruneaux au vin rouge à la glace vanille

[コンポート・デ・ペーシュ・エ・プリュノー・オー・ヴァン・ルージュ・ア・ラ・グラス・ヴァニーユ]

フルーツはどんな料理のあとでもおいしくいただけるオールマイティなデザートです。桃だけ、プラムだけでもいいですし、アイスクリームなしでも素敵です。桃は皮をいっしょに漬け込むと、ほんのり自然なピンク色になります。

■作り方
器にコンポートにした桃とシロップを盛りつけ、プラムの赤ワイン煮、バニラアイスクリーム（市販品でよい）をのせる。最後にプラムの煮汁をかける。

プラムの赤ワイン煮

Pruneaux au vin rouge

[プリュノー・オー・ヴァン・ルージュ]

■材料
プラム（大粒。種つき）……600g
A ┌ 赤ワイン ……500cc
　 │ クレーム・ド・カシス（リキュール）
　 │ 　……80cc
　 └ グラニュー糖 ……20g

桃のコンポート

Compote de pêche

[コンポート・ド・ペーシュ]

■材料
桃 ……4個
グラニュー糖 ……150g
アスコルビン酸の原末（P.108参照）
　……1g（薬局で販売）

鍋に湯を沸かし、桃を3秒ほどくぐらせてから冷水にとる。種を取り除き、皮をむく。皮は捨てない。

1 鍋にAを入れて弱火で熱する。煮立ってきたらプラムを加え、ひと煮立ちしたところで火を止める。そのまま鍋の中で粗熱がとれるまで冷ます。

2 冷めたら煮汁ごと保存容器に移し、冷蔵庫で保存する。長期保存可能。

1 桃の割れ目（へこみ部分）に包丁を入れる。桃をつけたまま刃を上に向け、包丁の背をトントンとまな板などに落としながら少しずつ切り進める。種ごときれいに2つに割れる。

3 小鍋に水450cc（分量外）とグラニュー糖を入れて温める。グラニュー糖が溶けたらアスコルビン酸を加え、シロップとする。保存容器に桃と皮を入れ、シロップを熱いうちに注ぐ。キッチンペーパーをかぶせて冷まし、粗熱がとれたら冷蔵庫で冷やす。1週間くらい保存可能。

プラムの赤ワイン煮を使って

アレンジ1　気軽に作れるケーキに
クリームも型も不要の素朴なスタイル

プラムのタルト

Tarte aux pruneaux cuits au vin rouge

［タルト・オー・プリュノー・キュイ・オー・ヴァン・ルージュ］

フランスの家庭でごちそうになっ
た思い出のタルトです。カスター
ドなどがなくても、こんなにおい
しいのかと驚きました。他のフル
ーツでも応用できます。

■材料(4～6人分)
無塩バター(冷蔵庫で冷たくしておく)
　　……100g
A ┌ 薄力粉 ……80g
　 └ 強力粉 ……80g
B ┌ 牛乳 ……15cc
　 │ 全卵 ……40g
　 │ グラニュー糖 ……15g
　 └ 塩 ……小さじ½
無塩バター(溶かしバターにする)
　　……大さじ½
C ┌ 強力粉 ……25g
　 └ グラニュー糖 ……25g
プラムの赤ワイン煮(P.105) ……15粒

●**オーブン**　170℃に予熱する。

1　ボウルに材料Aを入れ、冷たく堅
いバターを小角に切って加え、手で
粉類とすり混ぜる。バターと粉がそ
ぼろ状に混ざったら、材料Bを加え
て軽く混ぜ合わせる。
2　生地がざっとひとまとまりになっ
たら、ラップでぴったり包んで冷蔵
庫で30分以上休ませる。
3　休ませた生地をオーブンシートの
上に出し、麺棒で薄くのばす。天板
に移し(パイ皿でもよい)、フォーク
などで穴をたくさんあける。アルミ
ホイルをかぶせ、重石(米でもよい)
をのせ、170℃に温めたオーブンに入
れ、25分ほど焼く。粗熱がとれたら
溶かしバターを刷毛で塗る(写真a)。
4　プラムの種を取り除いて縦2つに
切る。
5　材料Cを混ぜ合わせ、生地の中央
部に広げ、プラムを並べる(写真b)。
6　170℃に予熱したオーブンに入
れ、10分ほど焼く。提供時に粉糖(分
量外)をふってもよい。

アレンジ2　煮込み料理に
甘酸っぱいフルーツソースは煮豚との相性もぴったり

豚肉とプラムの煮込み

Poitrine de porc braisée et pruneaux au vin rouge

［ポワトリーヌ・ド・ポール・ブレゼ・エ・プリュノー・オー・ヴァン・ルージュ］

プラムと豚肉を組み合わせた煮込みは、フランスの古典的な料理としてもとても有名なもの。ぼくはこれをプラムの赤ワイン煮の煮汁を利用して作ります。プラムの実を直接加えて煮ると味の調整がしにくいうえに、煮くずれてきれいにでき上がらないためです。豚肉は甘酸っぱいフルーツとの相性がよい素材です。バランスよく上品にまとめた肉とフルーツのハーモニーを楽しんでください。

こんなふうに楽しんで

煮汁ごと冷蔵保存しておけば、この肉はかなり長期間おいしく食べられます。ぼくにとってはとても重宝な保存食といった存在で、必要なときにスライスして使います。ソースなしでもおいしいですよ。

■材料(4人分)
豚ばら肉の塩漬け(作り方はP.41)
　　……600g
ピュアオリーブ油 …… 大さじ1
プラムの赤ワイン煮(P.105) ……16粒
ガストリック用
┌ 赤ワインヴィネガー ……20cc
│ グラニュー糖 ……20g
└ 粒黒こしょう ……7粒
赤ワイン ……400cc
A┌ プラムの赤ワイン煮の煮汁
│　　……100g
└ クローブ ……3本

●鍋　圧力鍋もしくは直径20cmくらいの厚手鍋。ガストリックを作る小鍋
●煮込み時間　圧力鍋で30分。普通の鍋なら90分(ただし必ず水をたしながら煮ること)。

1　フライパンにオリーブ油を温め、豚肉の塩漬けを入れて焼く。肉から脂が出ても捨てずに、表面にかなり黒い焼き色がつくまでしっかり焼く。

2　調味液(ガストリック。P.108参照)を作る。黒こしょうを包丁の腹でつぶす。小鍋にグラニュー糖を入れて弱火にかける。溶けて薄く色づいてきたら、黒こしょうを加え、赤ワインヴィネガーを一気に加えて混ぜ合わせる(写真a)。カラメルがむらなく溶けたら赤ワインを加え、ひと煮立ちさせて火を止める。

3　圧力鍋に1の肉を入れ、2の調味液、材料Aと水200cc(分量外)を加える(写真b)。ふたをして火にかけ、蒸気が出てから弱火で30分(普通の鍋の場合は約90分)煮る。

4　煮えた肉をスライスして盛りつけ、赤ワイン煮のプラムと3の煮汁を添える。肉は煮汁につけて冷蔵しておけば2週間は保存可能。

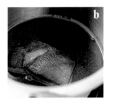

谷シェフの食材＆調理用語

アスコルビン酸

合成ビタミンCの原末として、薬局、薬店で購入できます。ぼくはビタミン剤としてではなく、酸味をつける調味料として使っています。酢などに比べて、鼻をつくような刺激がないので使いやすいためです。また食材の発色をよくしたり、色止めの効果をねらって使うこともあります。少量の使用でも酸味がきくので、使うときは1g単位です。

オリーブ油

オリーブ油はピュアタイプとエクストラヴァージンの2種を使い分けています。エクストラヴァージンオリーブ油は、オリーブの実の一番搾り。オリーブの果汁そのもので、はっきりした風味のよさを楽しむことができます。これに対して精製したオリーブ油をブレンドしたのがピュアオリーブ油で、風味は弱くなります。ぼくが焼きや炒めなど調理で使うのはもっぱらピュアタイプ。ドレッシング用の容器に入れて、手軽に使えるようにしています。エクストラヴァージンを使うのは、オリーブの風味をつけたい限られた料理だけです。サラダのドレッシングや料理の仕上げにひとふりしたりします。

ガストリック

酢と砂糖で作る軽くカラメル化した甘酸っぱい調味液のこと。ソースのベースなどにしばしば使われ、鴨のオレンジソースという有名な料理では必須アイテムです。甘酸っぱいソースなので濃厚な味わいの肉料理によく合います。作り方は砂糖を焦がしてカラメル化したところに酢を加えて溶きのばします。参考レシピはP.107をご覧ください。

クレーム・ド・カシス

カシスは黒すぐり、英語でブラック・カラントという木の実。これをワインやアルコールに漬け込み、熟成させ、さらに砂糖を加えてからろ過したリキュールです。ベリー特有の風味のよさと

なめらかな甘みがあります。ぼくの赤ワインソースでは欠かせない材料で、香りの弱いワインを使っても、これを少し加えることで芳醇でまろやかな風味を出すことができます。使い方しだいで優秀な調理酒になりえます。ただし使いすぎると単に甘いだけの料理になってしまうので注意してください。

骨髄

骨の中心部分で、造血組織や脂肪組織があるところ。スープをとるときには鶏がらなどの骨を使いますが、これは骨髄からよい味が出るためです。そのため、使うときにはうまみが出やすいように輪切りにしたり、ひびを入れます。こうすると骨からもゼラチン質が出やすくなります。

コルニション

長さ3〜4cmの小さなきゅうりのことで、このきゅうりを使ったピクルスもコルニションと呼びます。塩と酢だけで作る甘みのないピクルスで、きりっとした酸味が、薬味として料理の味を引き締めます。瓶入りになって市販されています。

サフラン

この赤い香辛料は、食材を鮮やかな黄金色に染めます。ふくよかな芳香があり、ブイヤベースにはこのサフランの色と香りを欠かすことができません。黄金色したパエリアもこのサフランが用いられています。香辛料とされているのは、サフランの花の雌しべ。採取に手間がかかるうえに1kgのサフランを得るのにおよそ16万本の花が必要といわれ、そのためスパイスのなかではとびきり高価です。でも使うときには思いきりよく。色をつけるだけではなく、このよい風味をつけたくて使うわけですから、ためらわずに必要量を。そのほうが断然おいしいですから。

塩

ぼくが使っているのは伯方（はかた）の塩。にがりと同様の成分が添加されていて、ややうまみがあります。けれど湿気やすくてかたまりやすいので、ときどきフライパンでから煎りして水分をとばし、ざるでこし、細粒のさらさら状態にして用意しておきます。こうしておけば塩をばらばらと均等にふれます。いわば自家製焼き塩ですね。

塩こしょう

ぼくの辞書には「塩こしょう」という合成語はありません。こしょうはあくまでもこしょうの香りと辛みが必要なときに使うもの。塩をふるときに自動的にいっしょにふるものではありません。塩といっしょにこしょうをふってしまうと、どの料理も同じ香りのするものになってしまうことが問題だと思います。使うときには必要性を考えて。

シチュー

フランス語にはシチューにぴったり該当する言葉が見当たりません。シチューはいうまでもなく英語で、意味は弱火で煮込むこと。この意味にいちばん近い言葉といえば、ラグー（ragoût）ということになるでしょう。

太陽と大地

ぼくがどんなに頑張ってみてもかなわないもの。つい最近フランスに出かけて、知り合いの家庭で食事をごちそうになったときのこと。目の覚めるようなおいしい料理に出会って「どうするとこんなふうにおいしくできるの？」とその家の夫人に尋ねました。すると「それはね、太陽と大地のおかげよ」とさらりと答えが返ってきた。料理人にできることなんて大したことじゃないんです。

縦に切る

ぼくはよく素材を大きく縦切りにしたまま提供します。たとえばにんじんのグラッセ（P.54）やかぼちゃのソテー（P.56）、下のポトフーを見てください。なぜならにんじんでしたら、その両端ではぜんぜん味が違うからです。ズッキーニだって桃だって、日の当たる上部と当たらない下部とでは風味が違うし、甘みも違います。この違いを含めて、素材の味はまるごと楽しんでほしいと思うのです。そのほうが食べ手に対しても部位の偏りがなく、不公平でありません。

谷シェフの食材＆調理用語

トマトの湯むき・焼きむき

トマトの皮は煮ても柔らかくならないので、煮込み料理でも口に残って料理の味を損ないます。そのため皮はむいて使うのが原則です。まず熱湯やじか火で加熱して、それを急激に冷やすとくるりと簡単にむけます。

鍋に湯を沸かし、ここにトマトを入れ、1、2、3とゆっくり数えるぐらい熱します。

すぐに氷の入った冷水に入れて冷まします。

粗熱がとれたら包丁で皮を引き起こしてむきます。

焼きむきする場合

トマトのへた部分にフォークを刺し、じか火にかざして全体を焼きます。皮がパチッと裂けたら、氷を入れた冷水に入れて冷まし、皮をむきます。トマトを1個だけむくときには湯むきより焼きむきのほうが手間がかかりません。

鶏がらスープの素

中華食材として売られているだしの素です。野菜料理など繊細な香りを大切にしたいときには、ブイヨンキューブではなく鶏がら系のスープの素を使います。余分な香りがついていないので、素材の香りを損なわずに使えます。

鶏もも肉の2つ切り

鶏もも肉を関節ですぱっときれいに切るコツを教えましょう。まず鶏もも肉を身を上にして置き、関節部にある脂肪の筋を確認します。そしてこの少し先端寄りに包丁を入れます。刃を左右に少し動かして骨のくぼみ部分（関節）をさがし、くぼみがわかったら一気に刃を強く入れればすっと切れます。

生クリーム

店のキッチンにある生クリームは乳脂肪38％のもの。一般の生クリームは45％が多いので、ぼくはやや脂肪の少ないタイプを使っていることになります。日本の生クリームはなぜか料理にすると重くな

ってしまうからです。どちらを使うかはお好みですが、植物性のクリームは煮込み料理の風味を落としますし、乳化剤入りのホイップクリームは食感をわるくするのでおすすめできません。

風味づけマジック

煮込みやソース作りの最後に、レシピにはないひとさじの風味づけをすることがあります。完成度が一気に高まる「谷マジック」です。上質なワインやコニャック、クレーム・ド・カシス、ポートワイン、ワインヴィネガーなどから、そのときの味みのインスピレーションで、必要と感じたものを加えます。そして加えたらすぐに火を止めます。いきいきした風味を残すためです。使うのはたいてい1種類で多くても2種まで。4人分で小さじ½程度です。この仕上げのひとさじでおいしさの全体感が高まるように変身させます。何を加えるかは、同じ料理を作っていても、素材の持ち味や調理方法の微妙な加減で違ってきます。そのためレシピにはそれぞれ明記はしませんでしたが、自分の感性で最後の風味づけマジックにトライしてみてください。

バター

ぼくが料理で使っているのはすべて無塩バターです。フランスでも調理においては無塩バターを使用します。なぜならバターに塩味がついていると、バターを使っただけで料理に味

がついてしまい、塩味の調整ができないから。ぼくが愛用しているのはカルピスバター。くせがなくて自己主張をしない、料理を邪魔しないバターだから、というのが理由です。

ビーツ

砂糖大根（甜菜）の仲間で、フランス語ではベトラーヴ。ビーツ（またはビート）は英語です。食用にするのはおもに根で、濃い赤紫色をしています。ボルシチなどロシアや東欧の料理によく使われ、料理の赤い色はこの紅色色素が溶け出したものです。服につくと落ちないので気をつけてください。

フィーヌ・ゼルブ

いくつかのハーブを取り合わせてみじん切りにしたもの。今回のレシピではセルフィーユ、ディル、イタリアンパセリの葉を摘みとってミックスし、できるだけ細かく刻んで使いました。ハ

ーブを使うときには、香りが抜けるので水にはさらしません。もし刻んだものが余ったら、ひたひたのオリーブ油に漬けて保存してください。

ブイヨンキューブ

ブイヨンの代わりに使うインスタントのうまみ調味料です。ぼくは牛肉系の料理でうまみをつけたいときはこのブイヨンキューブを使うことがあります。ただし使いすぎると嫌みが出てくるので分量は控えめにします。そして使うときには調理の初期段階で加えます。なるべく具材といっしょに炒めたり煮ることで、そのあと具材を煮ていく段階で、あくといっしょに特有のインスタント臭さを抜くことができるからです。

ブーケガルニ

一般に煮込みやブイヨン作りに不可欠とされているハーブのセット。しかし、ぼくは使いません。このためにわざわざ材料をそろえたり、香りを移したら捨ててしまうなんてもったいない。本当にセロリの香りが必要な料理なら、

そのまま食べられるくらい使います。またローリエを入れるのも習慣になっているだけで、その料理に本当に必要な風味であるのか考えられていないケースが多い気がします。必要なときに必要な素材を使えばよく、ブーケガルニとしてハーブを加える必要はないのではないでしょうか。気休めのためなら使わなくても大丈夫のはずです。

フェヌグリーク

スパイスには種子のものと葉のものがありますが、ガラムマサラに使用したのは粗挽きの種子のほう。ほろ苦く砂糖を焦がしたような香りがします。煎って挽くとカラメルのような甘い香りがします。インドやトルコなどで古くから使われています。

フヌイユ

英語ではフェンネル、和名はういきょう。葉はハーブとして、種子はスパイスとして、肥大化した茎は野菜として使います。糸のように細い葉は、魚のハーブという別名もあるぐらいに魚介料理によく使われます。

フロマージュ・ブラン

フランス産のフレッシュチーズ。熟成させる前に適度に水分を抜いたクリーム状の白いチーズです。ほのかな酸味があ

谷シェフの食材＆調理用語

って、まろやかな味わいです。塩と小口切りのシブレットをふり、前菜として、また食事の最後のチーズとしていただきます。デザート作りでも使いますが、ジャムやはちみつなどを直接混ぜて食べるのは日本的なこと。甘くして食べるのはフランスでは朝食のときぐらいでしょう。

ポロねぎ

フランス語でポワロー、英語でリーキと呼びます。日本のねぎに比べて、太く、炒めたときの甘みと香りが強いのが特徴です。ないときは下仁田ねぎでもよいですが、普通の長ねぎで代用するのは難しいでしょう。ポロねぎの葉の間に砂汚れが入っていますが、これは外から洗っても完全には落ちません。先に細かく刻んでから、たっぷりの水に浸して汚れを落とします。

マティニョン

香味野菜のにんじん、セロリ、玉ねぎなどを2〜3mm角に小さく切って、バターでよく炒めたもの。つけ合わせや詰めものにしたり、ソースの仕上げに加えることもあります。野菜の風味が凝縮しているので、味がアップしてまろやかになり、おいしさの素としての役割を果たしてくれます。ときにはベーコンなどを混ぜて作ることもあります。

ミロワール

フランス語で鏡という意味の言葉で、料理では鏡のように光り輝くような状態のことをいいます。たとえば、赤ワインをつやつやした輝きが出るまでぐーっと煮つめると下の写真のようなミロワール状になります。こういう状態まで煮つめてうまみ、風味を凝縮させ、ソースなどの風味づけに使います。

レンズ豆

丸く平たい形をした豆で、エジプト、インド、南ヨーロッパ、中東などで広く食用にされています。日本ではほとんど栽培されていないので、乾燥品が輸入されています。ほかの乾燥豆のように使う前に長時間水に浸してもどす必要がなく、煮込みやスープならそのまますぐに使えるところも魅力です。この本では緑レンズ豆を使いましたが、好みの種類でかまいません。

ワイン

おなじみのこのぶどうの醸造酒は、料理酒としても活用。おいしいワインで作ると料理もおいしくなる、という人もいますが、ぼくは安いものでも充分だと思っています。高価なワインをけちけち使うよりも、安いワインを心おきなく豪快に使うほうがおいしくなるからです。赤ワインを使う料理でもしワインが力不足なら、クレーム・ド・カシスの力を借りる手もありますし、香りをつけるためなら、飲むために用意した風味のよいワインを仕上げに少量ふればよいのです。ちなみにいつも使っているワインは赤も白も1本500円以下で入手したものです。

ワインヴィネガー

ワインを酢酸菌で酢酸発酵させて作ったお酢です。米酢に比べるとフルーティでさわやかな酸味です。赤ワインと白ワインがあるようにワインヴィネガーにも赤と白があります。使い方はテーブルで飲むときのワイン選びと同じ。牛肉などには赤、魚や鶏肉には白のワインヴィネガーを基本にしています。ぼくが使っているのは、もっともよく売られているタイプのものです。

本書に出てきた
ソース類

63　アイヤード

91　アリッサ

35　ヴィネグレット・ムータルド

46　ソース・ヴィネグレット（作り方は下記）

87　ソース・ベシャメル（ホワイトソース）（作り方は下記）

87　ソース・モルネー

45　ルイユ

ソース・ヴィネグレット

Sauce vinaigrette
［ソース・ヴィネグレット］

それほど酸味のきつくないマイルド
なフレンチドレッシングです。塩味
は、油を加える前につけるのがポイ
ントです。

■材料（でき上がり150cc）
ピュアオリーブ油 …… 120cc
フレンチマスタード（粒なし）
　　…… 小さじ1
白ワインヴィネガー …… 大さじ2
塩 …… 小さじ½

1 きれいなボウルにマスタード、塩、
白ワインヴィネガーを入れ、泡立器で
塩が溶けるまで混ぜる。
2 オリーブ油をたらたらと少しずつ
加えながら、泡立器でしっかりと混ぜ
合わせる。

ソース・ベシャメル

Sauce béchamel
［ソース・ベシャメル］

基本的なホワイトソースです。各種
のグラタンやドリアに使ったり、魚
介や鶏肉料理のソースにも利用して
ください。

■材料（でき上がり180cc）
強力粉 …… 10g
無塩バター …… 10g
牛乳 …… 200cc
塩 …… 小さじ⅓

1 小鍋にバターを入れ、弱火で完全
に溶かす。
2 バターが溶けたらすぐに強力粉を
一気に入れる。色をつけないように
木べらで混ぜながら弱火で炒める。
3 炒めていくと、一度まとまり、さ
らに炒めていくと少しずつ液状にな
ってくる。
4 さらさらした液状になり、全体が
泡立ってきたら、牛乳を少しずつ加
え、溶きのばすように混ぜる。塩も
加える。全部の牛乳を注ぎ入れ、ひ
と煮立ちしたら火を止める。茶こし
でこす。

谷　昇（たに・のぼる）●レストラン「ル・マンジュ・トゥー」オーナーシェフ。週に1日は調理師学校の講師も務める。本書ではその豊富な経験から肩ひじの張らないフレンチを指導。煮込みなどのフランス伝統料理を大事にする一方、レストランでは現代的で斬新な驚きを与えるフランス料理を提供している。左からサービス・楠本典子、マダム・谷のり子、シェフ・谷昇、調理師・伊藤美貴子。

Staffs

撮影　白根正治
アートディレクション　大藪胤美（フレーズ）
デザイン　原 玲子（フレーズ）
スタイリスト　佐々木カナコ
取材・文　志自岐亜都子
編集協力　秋山美穂子

撮影協力
ル・クルーゼ ジャポン（煮込み鍋）TEL03-3585-0197
グループセブジャパン（圧力鍋）TEL0120-728-114（お客様相談センター）

別冊家庭画報
ビストロ仕立てのスープと煮込み

発　行　株式会社世界文化社
　　　　〒102-8187　東京都千代田区九段北4-2-29
編 集 部　TEL03-3262-5161（記事内容のお問い合わせ）
販 売 部　TEL03-3262-5115（在庫のお問い合わせ）

発 行 人　小林公成
編 集 人　石川貴之
編集担当　伊藤尚子

印　　刷　大日本印刷株式会社
製　　本　大観社製本株式会社
DTP制作　株式会社アド・クレール